Mark Dever e Greg Gilbert são meus dois pregadores favoritos. Ambos creem que a Bíblia diz algo eternamente importante para toda pessoa. O Senhor dotou Mark Dever com capacidade para me fazer pensar no que a Bíblia diz. E dotou Greg Gilbert com capacidade para me fazer ver ou visualizar o que a Bíblia diz. Este livro combina os dons de ambos para ajudar-nos, como pregadores e ouvintes, a pensar em e visualizar a "boa pregação". Sou muito grato pelo fato de que eles se uniram para nos oferecerem este livro agradável, relevante, teologicamente correto, prático e inspirador sobre pregação.

Thabiti Anyabwile, pastor
Anacostia River Church, Washington, D.C.

Foi um deleite ler este livro. Reverente, intelectualmente rico, humilde e engraçado. Gilbert e Dever formulam um poderoso argumento em favor do restabelecimento da centralidade da Palavra pregada na igreja. A pregação não é a obra da igreja; é a vida da igreja. Cheio de discernimentos importantes e sabedoria prática, desejo que todo pastor mergulhe neste livro.

J. D. Greear, pastor, The Summit Church,
Raleigh-Durham, Carolina do Norte, e autor de *Gospel:*
Recovering the Power that Made Christianity Revolutionary

Gostaria de passar um dia com alguns dos grandes expositores que admiro, apenas para observar como estudam e se preparam para compartilhar a Palavra de Deus no púlpito.

Como escolhem um texto ou planejam uma estratégia para ajudar seu povo a compreender o panorama geral? Como decidem equilibrar pregações baseadas em ambos os testamentos ou em diferentes tipos de Escrituras? Como é o processo de pensamento e elaboração pessoal do sermão? E como mostram fidelidade ao texto, quando o autor que o escreveu não tinha conhecimento de todo o cânon bíblico e de seu testemunho completo a respeito de Cristo? Essa é a razão pela qual aprecio este livro! Ele dá ao leitor a oportunidade de entrar numa conversa agradável com dois grandes pregadores que produzirá dividendos de pregação para uma vida de ministério. Parte filosofia, parte metodologia, mas encorajamento no todo, este é o melhor livro sobre pregação que já li.

Hershael W. York, deão associado, School of Theology, Professor de Pregação no The Southern Baptist Theological Seminary

Este livro aborda a essência da pregação expositiva de maneira clara, sucinta e agradável. A parte teológica é sábia e poderosa, a ênfase cristocêntrica é oportuna, e a instrução prática é muito proveitosa. O tom pastoral, gracioso e encorajador, nos faz querer melhorar, mas também nos permite admirar-nos do privilégio da pregação. Gostei muito de ler sobre as diferenças nas abordagens entre Dever e Gilbert – desde introduções de sermão, notas e rascunhos de sermão a "caminhadas de sermões". Motivados pelas mesmas convicções, ambos fazem sua obra de maneira singular. Também gosto muito da maneira como eles fazem a exposição bíblica, ou em sermões de resumos de livros, ou em pregações de grandes porções das Escrituras. Planejo usar este livro em aulas para alunos que se preparam para o ministério, mas pastores experimentados também acharão encorajamento e ajuda, enquanto continuam a pregar as insondáveis riquezas de Cristo.

Tony Merida, pastor, Imago Dei Church, Raleigh, Carolina do Norte,
Professor Associado de Pregação, Southeastern Baptist Theological Seminary

Para mim, passar tempo com Mark Dever sempre foi um privilégio. A comunhão com ele me encoraja, edifica e entusiasma. Este livro sobre pregação nos convida a entrar na conversa com seu colega Greg Gilbert. Baseado no compromisso teológico deles com a pregação da Palavra de Deus, este livro nos oferece uma abundância de sugestões práticas quanto à arte de pregar um sermão. Estimulará tanto os ministros novatos quanto os experimentados a melhorarmos nossa pregação. Compre-o para si mesmo ou para seu pastor.

Phillip Jensen, Deão da St. Andrew's Cathedral, Sidney, Austrália

Mark Dever
& Greg Gilbert

pregue

Quando a **Teologia** encontra-se com a **prática**

FIEL
Editora

D491p Dever, Mark
   Pregue : quando a teologia encontra-se com a prática / Mark Dever, Greg Gilbert ; [tradução: Francisco Wellington Ferreira]. – São José dos Campos, SP : Fiel, 2016.

   281 p. – (9 marcas)
   Inclui referências bibliográficas.
   Tradução de: Preach : theology meets pratice.
   ISBN 9788581323500

   1. Pregação. I. Gilbert, Greg, 1977-. II. Título. III. Série.

   CDD: 251

Catalogação na publicação: Mariana C. de Melo Pedrosa – CRB07/6477

Pregue: Quando a teologia encontra-se com a prática
Traduzido do original em inglês
Preach [theology meets practice]

Copyright © 2012 by Mark Dever e Greg Gilbert

■

Publicado originalmente em inglês por
B&H Publishing Group, de Nashville, TN, USA.

Copyright © 2015 Editora Fiel
Primeira edição em português 2016
Todos os direitos em língua portuguesa reservados por Editora Fiel da Missão Evangélica Literária

PROIBIDA A REPRODUÇÃO DESTE LIVRO POR QUAISQUER MEIOS SEM A PERMISSÃO ESCRITA DOS EDITORES, SALVO EM BREVES CITAÇÕES, COM INDICAÇÃO DA FONTE.

■

Diretor: Tiago J. Santos Filho
Editor: Tiago J. Santos Filho
Tradutor: Francisco Wellington Ferreira
Revisor: Paulo Cesar Valle
Diagramação: Rubner Durais
Capa: Osiris Rangel - OM Designers

ISBN: 978-85-8132-380-0

FIEL Editora
Caixa Postal 1601 | CEP 12230-971
São José dos Campos-SP
PABX.: (12) 3919-9999
www.editorafiel.com.br

A todos os homens que tive o privilégio
de ensinar como estagiários na CHBC.
Que Deus os abençoe quando vocês
proclamarem a palavra dele.
— *Mark E. Dever*

Em memória do irmão D. C. "Bo" Mangum Jr.
Se Deus me der graça para pregar tão duradoura e fielmente,
serei um homem verdadeiramente abençoado.
— *Greg Gilbert*

SUMÁRIO

Agradecimentos 11

Introdução 13

PARTE UM: TEOLOGIA

1 – Deus fala 25

2 – O poder da Palavra de Deus 41

3 – A centralidade da pregação expositiva 55

4 – O que a pregação faz 75

PARTE DOIS: PRÁTICA

5 – Sobre o que pregar 93

6 – Preparação do sermão 115

7 – A estrutura do sermão 143

8 – Pregando o sermão 167

9 – Revisando o sermão 183

PARTE TRÊS: TRANSCRIÇÕES DE SERMÕES

Introdução 201

Sermão Um: "Vós intentastes o mal, porém Deus..." 203

Sermão Dois: "Jesus foi desamparado por seu Pai" 239

Conclusão 279

AGRADECIMENTOS

Nenhum livro se faz por si mesmo e nenhum autor escreve um livro sozinho. Queremos agradecer as muitas pessoas que nos ajudaram e apoiaram na produção deste livro.

Agradecemos a Jonathan, Karen, Matt, Ryan e todos os outros colaboradores do Ministério 9 Marcas, cujos trabalhos, queridos irmãos, além de excelentes, são muito úteis para a igreja de Jesus Cristo. Consideramos um privilégio trabalhar com vocês não somente neste livro, mas em todo o Ministério 9 Marcas. Muito obrigado! Que Deus lhes dê muitos outros anos de trabalho.

Agradecemos também a nossos bons amigos da B&H, pela parceria, benevolência, paciência e iniciativa. Agradecemos às nossas igrejas, *Capitol Hill Baptist Church* e *Third Avenue Baptist Church*, às quais amamos muito, servindo-as no ministério de pregação, vivendo em aliança com vocês e anelando por muitos outros anos em que abriremos juntos a Palavra de Deus e cresceremos juntos na maturidade em Cristo.

Por fim, agradecemos às nossas famílias. Nenhuma parte deste livro teria sido possível sem o encorajamento e o apoio de vocês. Vocês têm dado muito mais do que recebido na escrita destes livros. Agradecemos a Deus pelo companheirismo de vocês no evangelho. Nós os amamos intensamente.

INTRODUÇÃO

Nem todos os que se deparam com um livro intitulado *Pregue* decidem pegá-lo e lê-lo. Você deve fazer parte de um grupo muito restrito de pessoas que leem esse tipo de livro! Evidentemente, isso nos diz, logo de início, que você deve ser uma dessas pessoas.

Pode haver diferentes razões por que você decidiu ler este livro. Talvez você seja um membro de igreja que se importa profundamente com o ministério de seu pastor no púlpito cada domingo e queira dar uma olhada num livro que ele pudesse ler. Talvez seja um cristão que se preocupa com a pregação que ouve a cada semana em sua igreja. Talvez seja alguém que não é nem mesmo um cristão, mas, por alguma razão, um livro sobre teologia e prática de algo tão esquisito como pregação chamou sua atenção. Se qualquer destas razões o descreve, seja bem-vindo! Ficamos contentes pelo fato de que você pegou este livro e esperamos que ele lhe seja benéfico, à medida que o lê.

Em geral, esperamos que a maioria das pessoas que leem este livro sejam pregadores – ou homens que têm pregado a Palavra de Deus por muito tempo, ou mesmo homens que não a tem pregado muito. Por essa razão, muito do que diremos neste livro será conversa de pregador. Em outras palavras, o que diremos aqui será altamente prático, específico e baseado em nossas práticas na preparação e pregação de sermões. Por favor, leve isto em conta enquanto lê este livro: não estamos dizendo que há apenas *uma maneira* de preparar um sermão e de pregá-lo; ou apenas *uma maneira* de usar introduções e conclusões; ou apenas *uma maneira* de pensar sobre ilustrações; ou, ainda, apenas *uma maneira* de fazer a maioria das coisas que falamos neste livro. Sim, às vezes argumentaremos o porquê achamos que uma prática é melhor do que outras, mas acreditamos que você será capaz de adotar o conselho e adaptar o conteúdo deste este livro à sua própria situação e à sua igreja

Toda vez que alguém começa a escrever um livro, há sempre o momento em que ele para e todo o projeto quase morre. É o momento em que as seguintes perguntas ocorrem na mente do autor: por que *eu* estou escrevendo este livro? O que *eu* tenho a dizer sobre este assunto que é digno de ser lido? Este livro não é uma exceção e com poucas respostas poderíamos livrar-nos imediatamente desse questionamento.

Por um lado, não estamos escrevendo este livro porque, de alguma maneira, pensamos que somos os melhores pregadores. Longe disso! Ambos podemos citar pregadores – dezenas deles – que são melhores do que nós. Isto também não é uma parceria de admiração mútua em que cada um de nós pensa que o outro é o melhor pregador que existe como algo do tipo: "Não, não, *você é* o melhor." "Não, *você é* o melhor!" De fato, acredite ou não, Greg gosta mais de alguns pregadores do que de Mark, e Mark gosta mais de ouvir tantos outros pregadores do que a Greg. Não é por essa razão que escrevemos este livro. Também não o escrevemos porque temos mais experiência em pregação do que qualquer outro homem. Mark tem mais de 15 anos de experiência como pastor principal (não é pouca coisa, é verdade, mas não exatamente as quatro, cinco ou seis décadas que muitos outros pregadores têm), e Greg ainda está pensando que *cinco* anos como pastor principal parecem uma eternidade.

Portanto, não é por nenhuma dessas razões. Suponho que a melhor resposta para a pergunta "por que escrevemos este livro?" é que, na providência de Deus, temos sido abençoados com o passarmos a melhor parte da última década pensando e falando sobre estes assuntos. Para ser exato, o tráfego instrucional tem sido de mão única (Mark ensinando a mim, Greg) e 90% do que sei a respeito de pregação, e faço em pregar, eu o aprendi de Mark. Mas creio que o ensino não é *todo* de mão única. Nem *tudo* que faço é como Mark o faz; e acho que Mark pode até ter assimilado duas ou três (quatro seria demais?) coisas daquilo que lhe tenho dito.

Na prática, nós dois temos processos bem diferentes para preparar sermões. Pesamos de maneira diferente sobre a aplicação. Usamos tipos de anotações diferentes – Mark faz cerca de 13 páginas de anotações para cada sermão; e eu, cerca de quatro páginas. E, embora eu tenha certeza de que uma pessoa, ao ouvir meus sermões, ouvirá neles ecos de Mark, penso que nossos *estilos* de pregação são diferentes. Entre outras coisas, eu tendo a andar ao redor do púlpito; Mark finca o pé atrás do púlpito. Ambos usamos humor; Mark o usa melhor. Eu visto roupas mais informais. Mark usa muitas citações; eu não. Eu conto mais histórias sobre mim mesmo e meus filhos do que Mark o faz. Mark faz introduções longas e substanciais; as minhas introduções são mais curtas e, francamente, mais triviais.

Em todo caso, pense neste livro como uma conversa entre tutor e tutorado, entre um professor e seu aluno de longo tempo que está apenas começando sua viagem inaugural. Você verá semelhanças e diferenças. Verá coisas das quais temos certeza e outras das quais não temos nenhuma certeza, mas as fazemos assim mesmo. Entretanto, em todo o livro, esperamos que você veja uma convicção de que a Palavra de Deus é a força mais poderosa no universo. Ela dá vida, cura, corrige e muda vidas. Ambos estamos convencidos disso, e esperamos que, pela leitura deste livro, você também seja convencido – quer isto signifique o fortalecimento de uma convicção antiga que foi enfraquecida em anos recentes, quer signifique o nascimento de uma convicção que você nunca teve antes. E esperamos que por meio dessa convicção renovada você seja estimulado de novo a pregar a Palavra de Deus com paixão, exatidão e ousadia.

Antes de prosseguir, apresentaremos mais alguns poucos detalhes em relação ao porquê de pensarmos que um livro como este poderia ser útil para a igreja neste tempo específico. Três razões vêm à mente.

Primeiramente, podemos ver, na igreja evangélica, o surgimento de uma perda de confiança na Palavra de Deus pregada. Permita-me ser honesto: pregar é uma coisa estranha para se fazer. Nossa época é marcada por frases de efeito e interação imediata. A maior parte de nossa comunicação é feita por editoriais curtos, posts de blogs mais curtos, atualizações ainda mais curtas de nossa página no Facebook e, mais recentemente, tweets de 140 caracteres (já viu pessoas tentando travar uma discussão teológica no Twitter? Que Deus nos ajude!). A duração de nossa atenção é treinada e moldada pelos programas de televisão, que mudam os ângulos da câmera a cada sete ou oito segundos, porque ficamos realmente entediados se demorarem mais do que isso, e por novos programas que têm de *discutir* as notícias, porque ficamos muito entediados e impacientes por sermos apenas *informados* das notícias. E, depois, no meio de tudo isso, esperamos que os cristãos sentem por 30 ou 40 minutos e *ouçam* um cara falando. E não podem nem dar "resposta", nem "comentar", nem "dar +1", nem "curtir" o que estamos dizendo!

Provavelmente, em resposta a um pouco disso e num esforço para alcançar as pessoas até aonde chega o limite da atenção delas, muitos cristãos estão argumentando que a melhor maneira de avançarmos é a igreja adotar um tipo de pregação dialogal, na qual a Bíblia é ensinada não tanto na forma de um sermão, mas na forma de uma conversa – afirmações, perguntas e respostas, mais semelhante a uma classe de Escola Dominical ou um pequeno grupo de estudo bíblico. Dessa maneira, o argumento prossegue, as pessoas ficarão mais envolvidas com o ensino, serão capazes de interagir com ele e terão respostas para suas perguntas de uma maneira que não é possível quando uma única pessoa está pregando um sermão longo e ininterrupto.

É claro que vemos claramente o argumento que se defende aqui, e, de algumas maneiras, ele é bom. De fato, Mark e eu temos em nossas igrejas ocasiões em que esse tipo de ensino é realizado. Mas também pensamos que coisas importantes se perdem quando uma congregação nunca ouve a Palavra de Deus pregada exaustivamente, com poder, num sermão ininterrupto. Parte do que estamos tentando fazer neste livro é mostrar-lhe o que são estas coisas e, no processo, aumentar sua confiança no poder da Palavra de Deus *proclamada* e não apenas *considerada*.

Em segundo, vemos em muito da igreja evangélica uma falta de confiança na exposição bíblica. Em anos recentes, muitos cristãos evangélicos têm argumentado persuasivamente em favor do que é chamado "pregação expositiva". Exposição bíblica não é uma coisa nova na igreja. Alguns homens a têm feito há décadas em seus púlpitos, e esperamos mostrar neste livro que a exposição bíblica é o tipo de pregação que a Bíblia pressupõe. Mas, em anos recentes, mais e mais vozes têm se levantado para advogar que a pregação, em geral, seja de natureza expositiva – ou seja, que ela *exponha* a Palavra de Deus para os ouvintes.

Somos gratos a Deus por essa ênfase renovada. Mas também observamos que mais perguntas estão sendo feitas a respeito da pregação expositiva: onde a encontramos na Bíblia? A exposição bíblica não cansa a mente das pessoas? É possível fazer exposição bíblica sem sermos frios e entediantes? Como resultado destas perguntas, alguns pregadores evangélicos parecem estar se esquivando da exposição bíblica. Às vezes, eles a substituem por uma dieta de sermões tópicos, às vezes com estudos de personagens, às vezes até com coisas que distorcem a definição de pregação; mas, apesar do que seja usado para substitui-la, abrir a Bíblia numa passagem específica e pregar o significado daquela passagem domingo após domingo está muito além da prática normal da maioria das igrejas evangélicas.

Queremos que as coisas sejam diferentes. E ofereceremos boas e convincentes respostas às objeções que as pessoas fazem muito frequentemente à exposição bíblica. Parte do que estamos tentando fazer neste livro é responder algumas das objeções e formular um argumento – bíblico, teológico e prático –, em defesa da exposição bíblica.

Em terceiro, queremos trabalhar contra a má reputação que alguns pregadores expositivos têm trazido à pregação expositiva. Sejamos honestos, de novo: muito do que passa sob o nome de "pregação expositiva" não é boa pregação. Algumas das perguntas que fizemos antes são importantes e têm abundância de evidência empírica a apoiá-las. Mark e eu já ouvimos pregação expositiva que não passava de comentários rápidos sobre o contexto histórico dos judeus do século I. Já ouvimos pregadores se perderem em seus textos e terminarem seus sermões dizendo: "Bem, o tempo acabou. Quão rica é a Palavra de Deus, não é? Começaremos neste ponto na semana que vem". Já ouvimos outros que pegam uma passagem simples e a tornam incompreensivelmente complexa. Já ouvimos aplicação ao coração que não vai além disto: "Você percebe? O texto diz que você deve amar o seu próximo. Portanto, ame o seu próximo. Ame-o realmente. Ame-o! Vamos para o próximo ponto!" Se a pregação expositiva tem má fama – e, em alguns círculos do evangelicalismo, ela tem realmente –, nós, que afirmamos pregar expositivamente, não podemos escapar da culpa por isso.

Por essa razão, outra coisa que queremos fazer neste livro é colocar no papel algumas das coisas que aprendemos no decorrer dos anos (ou meses, no caso de Greg) sobre como expor a Palavra de Deus para uma congregação, de uma maneira que seja envolvente, impactante e convincente. Muito do que diremos parecerá ridiculamente insignificante e até inconsequente. Outras coisas podem ser totalmente uma questão de opinião. Você é livre para aceitar ou rejeitar coisas que achar proveitosas ou não. Mas esperamos que pelo menos algumas poucas coisas que se acham nestas páginas o ajudem a evitar erros que tanto eu quanto Mark cometemos.

Então, é isso! Agora é o momento para uma boa conversa sobre pregação. Este livro é constituído de três partes diferentes, e cada uma delas tenta fazer algo diferente. Na parte um, formulamos um argumento teológico em favor da pregação da Palavra de Deus e, depois, um argumento específico em favor da pregação expositiva. Não tencionamos que isto seja uma teologia sistemática ou bíblica abrangente, portanto haverá coisas que não precisaremos dizer. Queremos apenas mostrar-lhe, com base na Bíblia, o motivo para pensarmos que a pregação é tão importante e porque achamos que a melhor maneira de fazer isso é por meio da pregação expositiva.

Na parte dois, nos voltaremos para algumas considerações práticas sobre a pregação expositiva. Como você resolve sobre que texto deve pregar? O que deve ser incluído num sermão expositivo e como as partes se harmonizam? Como você sai da exegese para a teologia e para a aplicação? Há tantas maneiras de usar bem estas coisas quanto há homens que pregam, mas esperamos que o ouvir-nos falar sobre como nós o fazemos seja de alguma ajuda e incentivo para você.

Em seguida, há a parte três. Você lerá posteriormente neste livro como eu e Mark tentamos, em nossos sermões, obter opiniões de certas pessoas em nossas congregações. Pensamos que poderia ser útil mostrar-lhe um pouco de com isso pode ser feito. A parte três contém, portanto, a transcrição de dois sermões – um de Greg e o outro de Mark – e, entremeada na transcrição, há uma conversa que eu e Mark tivemos um com o outro sobre os sermões. Damos incentivo e fazemos críticas, oferecemos sugestões, argumentamos um pouco e fazemos graça um do outro. Esperamos que tudo isso junto lhe mostre algo a respeito de como é uma "revisão de sermão" em ambas as igrejas.

Acima de tudo, esperamos que este livro seja edificante para você, não importando quão experiente você seja em pregação. Se não tem experiência alguma, esperamos que este livro lhe seja de ajuda, preparando-o para pregar a Palavra de Deus para o seu povo. E, se você já é um pastor experiente em pregação, esperamos que este livro o encoraje e talvez até lhe ofereça assuntos de consideração à medida que prossegue na vocação que Deus lhe deu. Independentemente de quantas vezes você já pregou, esperamos que este livro reacenda sua paixão por pregar a Bíblia. A Palavra de Deus é a nossa vida; e ela é a única esperança num mundo que está perecendo. Que grande privilégio: o evangelho deve ser proclamado por meio de nossos lábios e nossas vozes! Que Deus abençoe a pregação de sua Palavra!

PARTE UM

TEOLOGIA

CAPÍTULO 1

DEUS FALA

Eu não li muitos romances de 23 volumes. De fato, eu nunca li *nenhum* romance de 23 volumes. Mas, se o fizesse, esperaria achar um autor que teria muito a dizer. Esperaria achar discernimento ou, pelo menos, uma ambição por discernimento. Esperaria achar desenvolvimento de personagens, uma trama enigmática, surpresas, tragédias e humor. Esperaria achar *significado* em algum ponto da leitura de um romance de 23 volumes.

Se esta é também a sua suposição, então, você talvez nunca leu e nunca apreciou nada escrito por Nigel Tomm. Em 2008, Tomm conseguiu convencer um editor a publicar seu romance de 23 volumes, *The Blah Story*.[1] É uma obra de ambição mag-

---

1 Nigel Tomm, *The Blah Story*, 23 volumes (Charleston, SC: BookSurge Publishing, 2007-2008).

nífica e de aspiração tremenda – escrever uma história de 11,3 milhões de palavras *sem dizer nada, de maneira alguma*. Não acredita? Eis um trecho do volume 16 da obra de Tomn:

Como ninguém era blah, qualquer blah para blah, e nenhum blah precisava de blah, blah quietamente blah para o pequeno blah, onde blah estava, e de novo blah um grande blah de blah. Quando blah viu o blah, o pequeno e velho blah pressionou blah a blah algo, e blah concordou; depois blah um blah com blah e falando ao blah de seu blah, blah, não blah para blah de volta para o blah, onde ele blah tudo tão blah para blah, seguiram para blah, por meio de blah, o blah estava blah de blah blah blah, blah acima de blah e blah não para blah uma palavra blah do que blah dissera com o blah estava, blah e blah ferem blah, alto blah em blah, e blah.

O editor fez uma tentativa extraordinária para conseguir que pessoas comprassem os livros, anunciando-os desta maneira:

> *Extraordinariamente criativo, Nigel Tomm destrói a barreira de palavras e significado, dando vitalidade e força expressiva ao padrão de seu romance exclusivo – The Blah Story.* É uma nova maneira de conceber o texto que libera a imaginação, permitindo que *você personalize cada e toda palavra por sua própria criatividade.*

Permitindo-me personalizar cada palavra... bem, sim, essa é uma maneira de dizê-lo! Aparentemente, a aposta do editor não valeu a pena e os leitores não ficaram muito entusiasmados em terem de escrever toda a história por si mesmos. Atualmente, todos os volumes deixaram de ser impressos.

Deus Fala, e Isso o Distingue

Nigel Tomm não é a única pessoa que em décadas recentes zombou da ideia de que palavras e fala têm significado. Na verdade, cosmovisões inteiras afirmam que a linguagem – nossa comunicação uns com os outros – é realmente nada mais do que um jogo e que cada pessoa atribui o significado que deseja às palavras que lê e ouve. Tudo é um monte de "blah, blah, blah", e acharemos nos "blahs" o que melhor se adequa a nós, às nossas necessidades e aos nossos desejos.

Não é dessa maneira que a Bíblia lida com as palavras. De modo algum!

Desde a primeira página da Bíblia, as palavras são tremendamente importantes para o Deus que fez o universo. De fato, um dos temas mais interessantes na Bíblia, quando a lemos, é a argumentação que ela faz, repetidas vezes, de que são exatamente as *palavras* de Deus – seu poder de falar, de ordenar, de ser ouvido e entendido – que o distingue de todos os falsos deuses que seu povo é sempre tentado a adorar. O Deus da Bíblia é totalmente único, totalmente singular e totalmente digno de nossa adoração. E uma das evidências mais importantes disso é o fato de que Deus *fala*.

Nós, cristãos, tendemos a considerar isso bastante normal. Afirmar que Deus fala não é mais algo que nos impressiona, porque estamos tão acostumados a ele. "É claro que Deus fala!", nós dizemos. "Que tipo de Deus ele seria se não pudesse falar?" Por isso, lemos nossa Bíblia, que entendemos ser a *Palavra de Deus*; lemos as histórias de Deus falando a Abraão, Isaque, Jacó e Moisés. Citamos os profetas com seu estridente clamor: "Assim *diz* o Senhor" e afirmamos alegremente, como João o fez, que Jesus era o "*Verbo*" que se fez carne. E tudo isso nos ocorre sem pensarmos duas vezes.

Nem sempre foi assim. Para os israelitas, o fato de que seu Deus lhes falava – realmente conversava e se comunicava com eles – não era assim algo tão normal. "Deuses" eram comuns no antigo Oriente Próximo. Cada tribo e nação que rodeava Israel tinha seus próprios deuses e suas próprias maneiras de adoração e todos eles acreditavam que seus deuses eram reais e agiam. Mas *falar* era uma coisa que aqueles deuses pagãos nunca faziam. Eles nunca falavam. Apenas um Deus falava, e era Jeová, o Deus de Israel.

Uma das passagens mais sarcásticas e impressionantes em toda a Bíblia está no livro de Isaías, na qual Deus expressa uma denúncia grave dos falsos deuses que seu povo começou a adorar. Em vez de adorá-lo e confiar nele, os israelitas haviam se voltado para os ídolos de seus vizinhos pagãos, e Deus argumenta, em quatro capítulos, que eles haviam feito uma decisão tremendamente insensata. Somente ele tem o poder de salvar.

A investida de Deus contra os ídolos procede de várias direções. Ele os ridiculariza por serem peças de metal, madeira ou pedra que tinham de ser esculpidas por artesãos. Por exemplo, em Isaías 41.7 temos a imagem engraçada de um artesão elogiando a obra de outro que acabara de fazer um deus e, depois, a imagem ainda mais hilária dos dois trabalhando juntos para pregar o deus na mesa, para que não oscile! No capítulo 44, Deus convida seu povo a considerar – em detalhes – de onde exatamente vinham seus "deuses". Primeiramente, alguém planta uma árvore e espera que a chuva a faça crescer; por fim, a árvore se torna grande para ser cortada. "Tais árvores servem ao homem para queimar", diz Deus (v. 15). "Com parte de sua madeira se aquenta e coze o pão." E, em seguida, vem o ponto mais engraçado, que intensifica o ridículo da cena: "E também faz um deus e se prostra diante dele, esculpe uma imagem e se ajoelha diante dela".

Você pode quase ouvir a incredulidade na voz de Deus aqui: "Sério? Você corta uma árvore, serra-a no meio, assa um bife com metade da árvore e, depois, se prostra e adora a outra metade?" O ridículo continua nos dois versículos seguintes:

> Metade queima no fogo e com ela coze a carne para comer; assa-a e farta-se; também se aquenta e diz: Ah! Já me aquento, contemplo a luz. Então, do resto faz um deus, uma imagem de escultura; ajoelha-se diante dela, prostra-se e lhe dirige a sua oração, dizendo: Livra-me, porque tu és o meu deus (vv. 16-17).

Apesar de toda a sua estupidez óbvia, a adoração de ídolos aponta para um problema mais triste e mais profundo. Aqueles que adoram os falsos deuses não são apenas ridículos; são cegos, ignorantes e de coração entenebrecido. Eis como Deus termina a passagem, não tanto com ridículo, mas com um lamento pelo coração iludido de seu povo:

> *Nada sabem, nem entendem; porque se lhes grudaram os olhos, para que não vejam, e o seu coração já não pode entender. Nenhum deles cai em si, já não há conhecimento nem compreensão para dizer: Metade queimei e cozi pão sobre as suas brasas, assei sobre elas carne e a comi; e faria eu do resto uma abominação? Ajoelhar-me-ia eu diante de um pedaço de árvore? Tal homem se apascenta de cinza; o seu coração enganado o iludiu, de maneira que não pode livrar a sua alma, nem dizer: Não é mentira aquilo em que confio? (vv. 18-20).*

Por si mesmo, todo o argumento contra os ídolos como sendo nada mais do que "pedaços de árvore" é devastador. Entretanto, havia mais a ser dito. Os ídolos não somente tinham uma origem degradante; eles também não podiam *fazer* nada. Mais especificamente – e aqui chegamos ao ponto mais importante – os ídolos eram diferentes do Deus de Israel precisamente porque não podiam *falar*.

Veja como Deus lida com os ídolos em Isaías 41.21-24. Ele os chama, como um juiz chamaria um réu, a apresentarem provas de sua realidade, evidência de seu poder. Mas observe especificamente o que Deus lhes pede que façam:

> *Apresentai a vossa demanda, diz o* Senhor; *alegai as vossas razões, diz o Rei de Jacó. Trazei e anunciai-nos as coisas que hão de acontecer; relatai-nos as profecias anteriores, para que atentemos para elas e saibamos se se cumpriram; ou fazei-nos ouvir as coisas futuras. Anunciai-nos as coisas que ainda hão de vir, para que saibamos que sois deuses; fazei bem ou fazei*

mal, para que nos assombremos e juntamente o vejamos. Eis que sois menos do que nada e menos do que nada é o que fazeis; abominação é quem vos escolhe.

Deus desafia os ídolos a falarem. "Anunciai-nos", ele exige. Digam algo! Falem-nos o que aconteceu no passado ou o que acontecerá no futuro. Façam algo para que saibamos que vocês são realmente deuses e, por isso, dignos de nosso temor. Mas o que Deus obtém como resposta deles? Nada. Apenas silêncio. Por isso, Deus profere seu julgamento sobre eles: "Eis que sois menos do que nada, e menos do que nada é o que fazeis".

O Deus de Israel é o Deus que fala. E isso o distingue totalmente dos ídolos.

Assim diz o Senhor, *Rei de Israel, seu Redentor, o* Senhor *dos Exércitos: Eu sou o primeiro e eu sou o último, e além de mim não há Deus. Quem há, como eu, feito predições desde que estabeleci o mais antigo povo? Que o declare e o exponha perante mim! Que esse anuncie as coisas futuras, as coisas que hão de vir! Não vos assombreis, nem temais; acaso, desde aquele tempo não vo-lo fiz ouvir, não vo-lo anunciei? Vós sois as minhas testemunhas. Há outro Deus além de mim? Não, não há outra Rocha que eu conheça (Is 44.6-8).*

Não há outro Deus além do Deus de Israel, e você vê o que prova isso? É o fato de que ele e somente ele falou. Deus anunciou ao seu povo, desde a antiguidade, o que estava por vir; e se alguém mais reivindicasse ser deus, deveria *falar* também.

A Primazia da Palavra de Deus

A polêmica de Deus contra os ídolos, em Isaías 41 a 44, não é a única passagem na Bíblia em que o *falar* de Deus tem prioridade. Toda a Bíblia ressalta a verdade de que a Palavra de Deus é aquilo que o distingue e aquilo ao que os seres humanos devem dedicar atenção especial.

Em Gênesis 1.1, Deus cria os céus e a terra. E como ele faz isso? Por falar. Em Gênesis 2, ele dá vida ao corpo sem vida que criou do pó da terra. De novo, como ele faz isso? Pelo sopro de sua boca. Quando Deus se revela ao seu povo, depois de resgatá-lo da servidão ao Egito, o que ele lhes dá? Um retrato de si mesmo? Um *olhar* amedrontador em sua face? Não, Deus lhes dá a Lei; ele fala ao seu povo e lhes diz quem ele é e quem, portanto, eles devem ser.

Até na maneira como Deus ordenou que seu povo desenhasse e construísse o seu templo, a maneira primária como o seu povo deveria conhecê-lo era por meio de sua Palavra, e isso era totalmente diferente dos deuses pagãos de seus vizinhos. Você lembra o que estava no centro do templo, dentro do Santo dos Santos? Num templo pagão típico, no centro do templo, no lugar mais sagrado onde as pessoas iam para adorar, ficava uma imagem do deus. Isso era o que o povo esperava ver quando entrava na presença de seu deus. Esperavam vê-lo. Mas não foi isso que o Deus de Israel disse que seu povo deveria colocar no centro do seu templo. Em vez disso, quando uma pessoa entrasse no Santo dos Santos do templo de Jeová, o que veria não era uma imagem e sim uma caixa revestida de ouro. E dentro da caixa estavam as tábuas em que escrevera os Dez Mandamentos. Você percebe? O Deus da Bíblia seria conhecido por seu povo não primariamente pela *vista* e sim pelo *som*. Eles ouviriam a Palavra de Deus, não veriam sua face. E saberiam que ele é o Deus que fala.

O profeta Ezequiel aprendeu esta mesma lição quando se encontrou com o Senhor às margens do rio Quebar, na Babilônia. O povo de Israel fora levado ao exílio, vencido em batalha e levado em cadeias através do deserto para uma terra que nunca haviam conhecido. Foi uma mudança de situação chocante. Como podia Deus permitir que seu povo eleito fosse tratado dessa maneira? Como podia ele permitir que sua cidade santa, Jerusalém, fosse saqueada e destruída pelos babilônios pagãos? A Bíblia não responde especificamente, mas você deve questionar se não foram perguntas como essas que Ezequiel fez a si mesmo quando sentou às margens do rio Quebar naquele dia. Se foram, Deus lhe respondeu de maneira dramática – de uma maneira que, de fato, ainda nos fascina e nos leva a admirar-nos e maravilhar-nos do que Ezequiel deve ter visto naquele dia.

Livros inteiros já foram escritos sobre a visão que Deus deu a Ezequiel naquele dia. Alguns eruditos, tentando visualizar para si mesmos o que Ezequiel viu, declararam que toda a coisa não faz sentido e que o próprio Ezequiel era clinicamente insano. Um comentador chegou ao ponto de chamá-lo "um verdadeiro psicopata, capaz de grandes percepções religiosas, mas que exibia uma série de características diagnósticas: catatonia, conflito masoquista-narcisista, retraimento esquizofrênico, ilusões de grandeza e perseguição. Em resumo, ele sofria de condição paranoica comum em muitos dos grandes líderes espirituais".[2]

No entanto, é claro que isto erra totalmente em compreender o profeta. Ezequiel não era um psicótico; e suas visões não foram dadas para serem desenhadas e construídas. As "rodas dentro de rodas" que Ezequiel viu não deveriam ser tomadas como plantas para construção. Não, a visão de Ezequiel era rica em simbolismo e – até em sua dificuldade para ser retratada claramente em nossa imaginação – também comunica o fato de que Deus nos transcende. Ele é muito maior do que nós e muito mais glorioso do que podemos imaginar.

Poderíamos falar muito a respeito do que Ezequiel viu, mas um detalhe em particular se destaca como peculiarmente contrário à maneira como talvez escreveríamos a história. Você lembra o clímax da visão de Ezequiel? Depois de todas as gloriosas imagens – a tempestade com raios, as criaturas, as rodas, os olhos, o trono de safira, a figura resplandecente de um homem – você lembra ao que tudo isso levou? Eis como Ezequiel o descreveu: "Esta era a aparência da glória do Senhor; vendo isto, caí com o rosto em terra e ouvi a voz de quem falava" (Ez 1.28).

A última frase do versículo é impressionante em sua simplicidade, não é? Toda a grandeza da visão, toda a glória do que Ezequiel tinha visto levou, por fim, a esta última e maior coisa: "*Ouvi* a voz de quem *falava*".

---

[2] E. C. Broome, "Ezekiel's Abnormal Personality", *Journal of Biblical Literature* 65 (1946), 277-92.

É interessante quanta importância a Bíblia coloca nas palavras de Deus, não é? A maioria de nós, ao imaginar como pode ter sido aquele encontro com Deus, tende a focalizar no visual. Se estivéssemos imaginando, sem saber de antemão o que Ezequiel poderia ter experimentado naquele encontro com Deus, nossa imaginação a respeito de como tudo se desenvolveria talvez começaria com uma voz e terminaria com uma visão magnífica e extremamente gloriosa. Portanto, é interessante e desafiador para nós que a realidade siga na direção oposta. Primeiro, Ezequiel vê, depois, ele ouve. E esse ouvir forma a base de seu relacionamento com Deus.

O Falar de Deus É a Base de Nosso Relacionamento com Ele

Essa verdade simples é ensinada em toda a Bíblia. A base fundamental do relacionamento de qualquer pessoa com Deus é o fato de que ouvimos sua Palavra e respondemos a ela. Pense, por exemplo, em Adão e Eva no jardim do Éden. A coisa admirável quanto à intimidade do seu relacionamento com Deus não é tanto que eles viam o Senhor, mas que o ouviam e conversavam com ele. Deus falava com Adão e Eva, e eles ouviam o que Deus lhes falava e respondiam ao que ouviam. Quando Satanás agiu para destruir o relacionamento deles com Deus, ele fez um ataque direto naquilo que o casal tinha ouvido de Deus: "Deus realmente disse...?" Em última análise, a rejeição da Palavra de Deus por parte do casal definiu sua rebelião contra ele, porque o seu ouvir e o seu obedecer à Palavra de Deus definiam seu relacionamento com ele.

O mesmo é verdade quanto a Abraão. O princípio e o fundamento de sua relação com Deus foi a graça de Deus em falar com ele e chamá-lo a deixar sua terra e ir para Canaã. Toda a história de Israel começa com as palavras: "Ora, disse o Senhor a Abrão" (Gn 12.1). Considere também como o relacionamento de aliança de Deus com a nação recém-redimida e recém-constituída de Israel começou: Deus lhes falando a sua lei. Por isso, depois de lhes haver dado a Lei, Moisés lhes disse:

> *Aplicai o coração a todas as palavras que hoje testifico entre vós, para que ordeneis a vossos filhos que cuidem de cumprir todas as palavras desta lei. Porque esta palavra não é para vós outros coisa vã; antes, é a vossa vida* (Dt 32.46-47).

Se o povo de Israel desfrutaria de um relacionamento com Deus, seria por meio de ouvir, meditar em, lembrar e obedecer à Palavra de Deus. O relacionamento do profeta Samuel com Deus também começou por ouvir a voz de Deus. O texto de 1 Samuel 3.7 é interessante: "Samuel ainda não conhecia o Senhor, e ainda não lhe tinha sido manifestada a palavra do Senhor". Você vê como "conhecer o Senhor" e "ouvir a palavra do Senhor" são colocados juntos aqui? Apesar de todo o tempo em que servia no templo, Samuel não conhecia verdadeiramente o Senhor enquanto a sua Palavra não lhe foi manifestada.

Evidentemente, tudo isto atinge seu ápice em Jesus Cristo, a Palavra de Deus encarnada. É em Jesus que Deus é mais plena e perfeitamente revelado. É em Jesus que chegamos a conhecer Deus e que nosso relacionamento com ele é estabelecido. O apóstolo João escreveu sobre isto no primeiro capítulo de seu evangelho. Ele disse: "O Verbo [a Palavra] se fez carne e habitou entre nós, cheio de graça e de verdade, e vimos a sua glória, glória como do unigênito do Pai... Ninguém jamais viu a Deus; o Deus unigênito, que está no seio do Pai, é quem o revelou" (Jo 1.14, 18). A linguagem de João é profunda e cheia de significado, mas o ponto essencial é claro. Se nós, como seres humanos pecadores, queremos conhecer a Deus, o Pai, isso acontecerá somente por meio do Filho, que o conhece perfeitamente, que está no seu seio e que o torna conhecido a nós. Como o autor do livro de Hebreus afirma: "Havendo Deus outrora falado, muitas vezes e de muitas maneiras, aos pais, pelos profetas, nestes últimos dias, nos falou pelo Filho" (Hb 1.1, 2).

Deus Fala, e, Por Isso, Nós Pregamos

Como pregadores da Palavra de Deus, devemos entender como é importante e admirável que nosso Deus seja um Deus que fala. Ele não tinha a obrigação de falar, pelo menos não para nós. Quando Adão e Eva pecaram contra ele no jardim do Éden, Deus poderia ter deixado que sua última palavra dirigida a eles – por toda a eternidade – fosse a maldição que pronunciou contra eles. "Tu és pó e ao pó tornarás" (Gn 3.19), Deus poderia ter dito. E, depois, silêncio. Deus poderia nos ter deixado nas trevas e na ignorância para vivermos nossos dias como rebeldes e morrermos sob a sua ira, sem que jamais o conhecêssemos. Entendendo isso, reconhecemos que uma evidência da mais admirável misericórdia e amor é o fato de que Deus continuou a cuidar dos seres humanos mesmo depois de se rebelarem contra ele e continuou a falar conosco e se revelar para nós, em especial na pessoa de seu Filho, Jesus.

Tudo isso nos ajuda a entender alguns dos símbolos pungentes que estão em operação quando um homem se levanta diante de uma congregação para proclamar a Palavra de Deus. Alguns líderes de igreja têm defendido recentemente uma mudança de nossa ideia sobre pregação. Uma pessoa se dirigir a inúmeras outras numa forma de monólogo, eles argumentam, é simplesmente errado. É tirânico, aviltante e desumano, um vestígio da maneira de pensar iluminista ou helenista que há muito deixamos para trás.

Achamos que isso é errado. De fato, pensamos que o sermão como monólogo – uma pessoa falando enquanto outras ouvem – é um símbolo exato e poderoso de nosso estado espiritual e da graça de Deus. Uma pessoa falar a Palavra de Deus, enquanto outras a ouvem, é uma representação da graciosa autorrevelação de Deus e de nossa salvação como um dom. Deus falando, em amor, aos seres humanos, em qualquer tempo, é um ato de graça. Não o merecemos e nada contribuímos para isso. O ato de pregar é um símbolo poderoso dessa realidade.

O quadro do primeiro sermão registrado no livro de Atos é uma ilustração cativante deste fato. Não foi uma reunião humanamente planejada que ajuntou aquelas pessoas. Deus derramou seu Espírito, de acordo com seus propósitos, e, depois, coube a Pedro dirigir-se à multidão e explicar o que estava acontecendo. Pedro citou a Palavra de Deus para as pessoas, com base em Salmo 16, Salmo 110 e no profeta Joel, e falou a todos. Pedro lhes explicou o que aquilo significava e como era relevante para eles. Até a pergunta deles, "que faremos, irmãos?", indica sua ignorância e sua necessidade de ouvir. Pedro pregou para eles uma mensagem que, de outro modo, não teriam sabido. Não foi um diálogo ou uma discussão. Foi um anúncio de notícias desconhecidas antes. O próprio Pedro não havia entendido a identidade de Jesus sem a luz divina e sobrenatural que Deus mesmo lhe dera; e as pessoas em Jerusalém também não a entenderiam se Deus mesmo não lhes revelasse.

Sempre é assim na pregação cristã. O púlpito vazio em muitos de nossos prédios de igreja manifesta bem a realidade espiritual. Corremos de um lado para o outro à procura de vida para nossas igrejas e para nós mesmos, por meio de inúmeros métodos diferentes, e o único meio que Deus formou para trazer pessoas a um relacionamento com ele é negligenciado e desprezado. No ato de pregar – uma congregação ouvindo a voz de um único homem que se coloca por trás da Escritura –, Deus nos deu um símbolo importante do fato de que entramos em relacionamento com ele por meio de sua Palavra. Assim como Abraão foi chamado a Deus pela palavra de promessa que lhe foi dirigida, assim também nós cristãos somos feitos povo de Deus por crermos em Deus e confiarmos em suas promessas. Em resumo, entramos em relacionamento com Deus pela fé, e a "fé vem", nos diz Paulo em Romanos 10, pelo ouvir a "palavra de Cristo".

Há apenas um único Deus, e ele é um ser relacional, pessoal e comunicativo que fala conosco e inicia o relacionamento conosco. Essas verdades poderosas, que dão vida, não são apenas proclamadas, mas também simbolizadas poderosamente pela pregação da Palavra de Deus. Ele fala e, por isso, nós pregamos.

CAPÍTULO 2

O PODER DA PALAVRA DE DEUS

P alavras têm poder. Todos dizemos isso, e sabemos que é verdade. Palavras podem curar ou ferir, desanimar ou edificar. Podem criar, destruir ou até mudar a realidade. Minha parte favorita na realização de uma cerimônia de casamento é quando fico diante da noiva e do noivo e digo algo assim: "Agora, diante de Deus e destas testemunhas, eu os declaro marido e mulher, em nome do Pai, do Filho e do Espírito Santo". Estas palavras têm poder, não têm? Elas mudam efetivamente o relacionamento do homem e da mulher que estão diante de mim. Antes de eu dizê-las, eles não são casados. Mas, depois que as digo, tudo muda; eles são marido e mulher, com todos os benefícios, privilégios e responsabilidade que acompanham a nova situação.

Certamente é verdadeiro dizer que nossas palavras têm poder. Entretanto, é outra coisa totalmente diferente dizer que a Palavra *de Deus* tem poder. Nossas palavras podem ferir e encorajar, às vezes até criar novos relacionamentos e prestígios que não existiam antes, mas não podem fazer o que as palavras de Deus fazem. Não podem aquietar tempestades ou criar algo do nada. E talvez, acima de tudo, nossas palavras não podem – e nunca terão o poder de – dar vida àqueles que estão mortos. Somente a Palavra de Deus pode fazer isso.

Deus Cria e Dá Vida por Sua Palavra

A Bíblia começa, mesmo em suas primeiras sentenças, por nos ensinar sobre o poder da Palavra de Deus. Num mundo de trevas e vazio – ou seja, num mundo de nada – Deus fala e cria tudo que existe no universo. Se você parar e pensar sobre isso, verá que é uma imensa manifestação de poder. Em si mesmo, já seria admirável se Deus tivesse criado o mundo a partir de *algo*, dado forma ao mundo a partir de matéria sem forma e sem ordem, tornando-o em algo marcado por beleza e ordem. Mas ele não fez isso. Pelo contrário, Deus apenas falou. "Haja luz", e houve luz. "Haja peixes", e houve peixes. "Haja pássaros", e houve pássaros! Como diz o autor de Hebreus: "Entendemos que foi o universo formado pela palavra de Deus, de maneira que o visível veio a existir das coisas que não aparecem" (Hb 11.3). Leia o primeiro capítulo de Gênesis e você ficará com a extraordinária impressão de que a Palavra de Deus tem poder tremendo – até poder para criar *ex nihilo*.

Essa impressão se intensifica à medida que a história se desenvolve, porque logo se torna evidente que a palavra da boca de Deus não somente chama à existência coisas que não existiam, mas também possui o poder de criar vida onde não havia vida. Pense, por exemplo, na criação de Adão. Sim, Deus forma Adão do pó da terra, um fato que se tornará importante depois para mostrar quão dependente de Deus Adão realmente era, para a sua vida. Mas o que dá vida a Adão, animando-o e transformando-o de uma massa de argila em uma *pessoa* que se move, respira, vive e ama? Gênesis 2.7 nos conta assim a história: "Então, formou o Senhor Deus ao homem do pó da terra e lhe soprou nas narinas o fôlego de vida, e o homem passou a ser alma vivente". A vida chega a Adão a partir do sopro da boca de Deus.

Não surpreendentemente, o "sopro" de Deus é ligado, na Escritura, poderosamente à Palavra de Deus. Em Salmo 33.6, por exemplo, o salmista diz: "Os céus por sua palavra se fizeram, e, pelo sopro de sua boca, o exército deles". A poesia hebraica é marcada pelo uso frequente de "paralelismo", em que um poeta repete uma ideia com dois conjuntos diferentes de palavras. É óbvio que isso tem implicação devocional enorme; força-nos a seguirmos mais devagar em nossa leitura e a pensarmos mais profundamente sobre o que o poeta está dizendo. O paralelismo pode ser útil em ajudar-nos a entender mais precisamente o que uma palavra ou frase específica significa, quando o poeta a usa. Neste salmo, a "sua palavra" e o "sopro de sua boca" são colocados em paralelo como os meios pelos quais o Senhor fez os céus e os exércitos deles. A "palavra" de Deus e seu "sopro" são a mesma coisa.

Podemos ver de novo essa conexão entre o sopro de Deus e a sua Palavra na profecia de Isaías sobre a vinda do Messias, em Isaías 11. Nesta passagem, o profeta prenuncia a vinda de um "renovo" procedente do "tronco de Jessé" que julgará a terra com justiça. Ele julgará "os pobres" e "decidirá com equidade a favor dos mansos" (v. 4). O profeta descreve tudo isso como o Messias ferindo "a terra com a vara de sua boca". Em outras palavras, o julgamento que cai sobre os habitantes injustos da terra será semelhante às pancadas punidoras de uma vara de disciplina. Mas veja a frase que vem logo depois disso: "E com o sopro de seus lábios matará o perverso". Isto não significa que ele soprará literalmente para matar os perversos; afinal de contas, é linguagem metafórica. O texto está dizendo que o Messias, por meio de seus juízos contra os perversos, os condenará e os destruirá. Outra vez, o sopro de sua boca equivale à sua Palavra.

O apóstolo Paulo usa o mesmo tipo de linguagem em 2 Tessalonicenses 2.8, quando diz que Jesus, em sua vinda, matará o ímpio "com o sopro de sua boca". E veja como o livro de Apocalipse descreve aquele dia de julgamento final e como o Rei Jesus destrói, em sua vinda, aqueles que estão reunidos contra ele:

> *Vi o céu aberto, e eis um cavalo branco. O seu cavaleiro se chama Fiel e Verdadeiro e julga e peleja com justiça... Sai da sua boca uma espada afiada, para com ela ferir as nações; e ele mesmo as regerá com cetro de ferro... E vi a besta e os reis da terra, com seus exércitos, congregados para pelejarem contra*

> aquele que estava montado no cavalo e contra o seu exército. Mas a besta foi aprisionada, e com ela o falso profeta que, com os sinais feitos diante dela, seduziu aqueles que receberam a marca da besta e eram os adoradores da sua imagem. Os dois foram lançados vivos dentro do lago de fogo que arde com enxofre. Os restantes foram mortos com a espada que saía da boca daquele que estava montado no cavalo. E todas as aves se fartaram das suas carnes (Ap 19.11, 15, 19-21).

Jesus "fere" as nações e destrói os que estavam congregados contra ele por meio de uma "espada afiada" que sai da sua boca. Que quadro estranho! Já vi quadros – bem intencionados, tenho certeza – de um Rei Jesus majestoso vindo do Oriente, num magnífico cavalo branco, com uma coroa de ouro na cabeça... e sustentando uma espada entre seus dentes. Não tenho dúvida de que isso foi o que João viu em sua visão, mas o fato é que não devemos esperar que vejamos Jesus segurando literalmente uma espada entre seus dentes, quando ele voltar, e depois balançando furiosamente a cabeça para frente e para trás, para matar seus inimigos! Não, isto é cena apocalíptica, e detalhes estranhos como este *significam* alguma coisa. Eles nos indicam algo mais. Neste caso, a espada que sai da boca de Jesus simboliza sua Palavra. Assim como Isaías profetizou, ele "ferirá" as nações por seus julgamentos contra elas, por seu sopro, por sua Palavra.

Você percebe o significado de tudo isto? Quando Deus sopra "o fôlego de vida" nas narinas de Adão, devemos entender esse ato como uma continuação de sua criação do mundo *pelo poder de sua Palavra*. A Palavra de Deus traz à existência coisas que não existem e dá vida onde havia morte. O ministério de Jesus destaca isto com singularidade. Repetidas vezes, ele prova que sua Palavra – a Palavra de Deus – tem o poder de curar e dar vida. Em Mateus 8, por exemplo, é a sua simples palavra – "Vai-te, e seja feito" (v. 13) – que cura o servo do centurião. Em Marcos 5, é o poder de sua Palavra – "Menina, eu te mando, levanta-te!" (v. 41) – que traz de volta à vida a filha do chefe da sinagoga. Em João 11, é sua Palavra – "Lázaro, sai para fora" – que rompe os grilhões da morte sobre seu amigo e chama para fora do sepulcro o homem que *antes* estava morto.

VIDA A OSSOS SECOS

Talvez o exemplo mais dramático disto no Antigo Testamento seja a visão dos ossos secos em Ezequiel 37. É uma história magnífica não somente porque reafirma que a Palavra de Deus dá vida, mas também porque leva nosso entendimento acerca dessa verdade do que é meramente físico para o que é espiritual. Observe: a visão dos ossos secos retornando à vida não ensina finalmente que Deus pode dar vida física a ossos físicos; já sabemos disso. Sabemos disso desde o sexto dia de criação. Não, a visão dos ossos secos nos ensina que a Palavra de Deus também dá vida espiritual a pessoas *espiritualmente* mortas. Eis o que Ezequiel escreveu:

> *Veio sobre mim a mão do* SENHOR; *ele me levou pelo Espírito do* SENHOR *e me deixou no meio de um vale que*

> estava cheio de ossos, e me fez andar ao redor deles; eram mui numerosos na superfície do vale e estavam sequíssimos (Ez 37.1-2).

Não estavam apenas secos, estavam *sequíssimos*. E não eram apenas numerosos, eram *muito* numerosos. A visão que Deus deu a Ezequiel nesta ocasião foi a de um enorme exército que fora total e catastroficamente derrotado. Não houve sobreviventes, nem mesmo um para sepultar os restos de seus companheiros mortos. Isto é um quadro de derrota, morte e falta de vida total e completa. É uma cena de desespero absoluto.

E, depois, Deus fala, não para dar vida aos ossos, mas para perguntar a Ezequiel: "Filho do homem, acaso, poderão reviver estes ossos?" (v. 3). Que pergunta! Imagine que, se Ezequiel estivesse com um de seus amigos (ele tinha algum?), teria se voltado e dito: "Você deve estar brincando". Mas ele sabe com quem está falando e, por isso, responde com humildade e fé admirável: "Senhor Deus, tu o sabes". O que vem em seguida é impressionante tanto em sua simplicidade quanto eu sua tolice. O Senhor diz a Ezequiel que pregue!

> *Disse-me ele: Profetiza a estes ossos secos e dize-lhes: Ossos secos, ouvi a palavra do* Senhor. *Assim diz o* Senhor Deus *a estes ossos: Eis que farei o espírito entrar em vós, e vivereis. Porei tendões sobre vós, farei crescer carne sobre vós, sobre vós estenderei pele e porei em vós o espírito, e vivereis. E sabereis que eu sou o* Senhor *(Ez 37.4-6).*

Você observou a afirmação realmente contraditória no início dessa passagem? "Ossos secos, ouvi a palavra do SENHOR." Ezequiel deveria se posicionar na margem daquele vale e convocar os ossos secos a *ouvir*! É insano! E, de novo, Ezequiel sabe quem o está ordenando fazer isso, e ele o faz. E sabe o que acontece?

> Então, profetizei segundo me fora ordenado; enquanto eu profetizava, houve um ruído, um barulho de ossos que batiam contra ossos e se ajuntavam, cada osso ao seu osso. Olhei, e eis que havia tendões sobre eles, e cresceram as carnes, e se estendeu a pele sobre eles; mas não havia neles o espírito. Então, ele me disse: Profetiza ao espírito, profetiza, ó filho do homem, e dize-lhe: Assim diz o SENHOR Deus: Vem dos quatro ventos, ó espírito, e assopra sobre estes mortos, para que vivam. Profetizei como ele me ordenara, e o espírito entrou neles, e viveram e se puseram em pé, um exército sobremodo numeroso (Ez 37.7-10).

Essa talvez seja uma das passagens mais dramáticas em toda a Bíblia. O ruído, o movimento de ossos se unindo para formar corpos, os nervos, a carne e a pele se estendendo ao redor deles – tudo é tão vívido. Mas não perca o principal ensino. Eis como o Senhor explica a Ezequiel o que ele acabara de experimentar:

> *Então, me disse: Filho do homem, estes ossos secos são toda a casa de Israel. Eis que dizem: Os nossos ossos se secaram, e pereceu a nossa esperança; estamos de todo exterminados. Portanto, profetiza e dize-lhes: Assim diz o* SENHOR *Deus: Eis*

> *que abrirei a vossa sepultura, e vos farei sair dela, ó povo meu, e vos trarei à terra de Israel. Sabereis que eu sou o* Senhor, *quando eu abrir a vossa sepultura e vos fizer sair dela, ó povo meu. Porei em vós o meu Espírito, e vivereis, e vos estabelecerei na vossa própria terra. Então, sabereis que eu, o* Senhor, *disse isto e o fiz, diz o* Senhor *(Ez 37.11-14).*

Deus não estava dando a Ezequiel uma lição de anatomia ou reiterando o seu poder para dar vida física. Estava ensinando o profeta sobre a condição da alma humana no pecado e sobre o seu poder, por meio da sua Palavra, para dar vida *espiritual*. A nação de Israel, exilada na Babilônia, fora da Terra da Promessa, desobediente e desgraçada, era não mais do que uma pilha de ossos dissecados. Apesar disso, Deus os fará viver novamente. Abrirá as suas sepulturas, colocará neles o seu Espírito, e eles viverão novamente.

Pergunto-me se, em algum tempo depois, Ezequiel perdeu sua confiança que a Palavra de Deus fosse poderosa para dar vida espiritual ao seu povo. Se perdeu, podemos esperar que a mente de Ezequiel tenha retornado a esta visão do vale de ossos secos e que sua fé na Palavra de Deus tenha sido renovada pela lembrança. A Bíblia revela uma verdade maravilhosa para nós: quando Deus cria e dá vida, ele o faz por meio de sua Palavra.

O Poder e a Autoridade da Palavra de Deus Pregada

Ora, se esse é o caso, parece lógico que nós, como cristãos – e, em especial, como líderes de igrejas – cuidemos para que a proclamação da Palavra de Deus seja o componente central de nosso ministério. Quando prioridades e filosofias rivais nos tentam a remover a pregação da Palavra do centro, o vale de ossos secos – sem mencionarmos a vida dada a Adão, a destruição do mal pelo "sopro de Deus", a ressurreição de Lázaro, etc. – deve nos lembrar que na Palavra de Deus se acha verdadeiro poder espiritual doador de vida. É dessa maneira que Deus, em sua sabedoria, determinou dar vida ao seu povo.

Eu me pergunto se parte de nossa falta de confiança na Palavra de Deus pregada não é, em última análise, resultado de uma incompreensão teológica do que exatamente a pregação é, em primeiro lugar. Pense um pouco nisto: se a pregação é apenas uma maneira – entre muitas – de comprovar novo conhecimento sobre Deus e sobre a Bíblia, então, há inúmeras maneiras de uma pessoa fazer isso. Ler livros, assistir vídeos, ouvir mensagens em áudio e ter conversas com outros cristãos – tudo isso cumpre este propósito. Semelhantemente, se a pregação é nada mais do que um homem fazendo um pouco de meditação pública sobre verdades espirituais, então há inúmeras maneira de pessoas obterem esse benefício. Por que não meditarmos na verdade de Deus juntos, numa conversa, por exemplo?

No entanto, se a pregação é realmente a proclamação da Palavra de Deus criadora, *ex nihilo*, e doadora de vida, então os riscos são altamente elevados, e a pregação não é mais uma questão de preferir fazer ou não. É literalmente uma questão de vida ou morte. A Bíblia apresenta a pregação como um ato que tem esse tipo de poder e autoridade. É a Palavra pregada que o Espírito Santo usa de maneira singular para dar vida e produzir fé na alma de uma pessoa. Veja, por exemplo, o que Paulo disse em 1 Tessalonicenses 1.2-5. O evangelho proclamado não chegara até eles "tão somente em palavras", disse Paulo, mas também "em poder, no Espírito Santo". O que Paulo proclamou aos tessalonicenses foi, sim, palavras. Mas foi mais do que palavras; foram palavras vestidas de poder e inflamadas pelo Espírito Santo para produzir vida espiritual onde não havia antes. E qual foi o resultado? A fé dos tessalonicenses "se divulgou" (v. 8) por toda a região e, realmente, repercutiu "por toda parte". Houve poder na palavra pregada.

Outra passagem instrutiva neste respeito se acha em Mateus 10, no fim do discurso de Jesus para seus doze apóstolos, os quais ele estava prestes a enviar para proclamar seu reino sobre Israel. Até esta altura no livro, Jesus estivera, ele mesmo, argumentando esta verdade, e seus discípulos, apenas assistindo, aprendendo e sendo preparados. Em Mateus 10.1, Jesus chamou doze de seus seguidores e lhes deu autoridade "sobre espíritos imundos para os expelir e para curar toda sorte de doenças e enfermidades". Além disso, ele os encarregou de pregar a mensagem do reino, ou seja, do reinado de Jesus, que era precisamente a mensagem que o próprio Jesus estivera pregando.

Você percebe o que Jesus estava fazendo? Estava dando àqueles doze homens autoridade e responsabilidade para fazerem exatamente o que mesmo estivera fazendo e, depois, os enviando para realizarem aquela obra. É interessante observar que no primeiro versículo de Mateus 10 os doze são chamados "discípulos", mas, depois que Jesus lhes deu autoridade, são chamados "apóstolos" ou "enviados". A distinção não se mantém perfeitamente; os doze ainda são seguidores de Jesus, mesmo quando saem para cumprir sua missão. Mas é instrutivo observar que eles não comissionam *a si mesmos* como "enviados". Recebem essa designação somente depois que Jesus os *envia*.

O que é interessante notar sobre as instruções que Jesus lhes deu no restante do capítulo, pelo menos para nosso propósito, é a maneira como a autoridade residia tão poderosamente nas palavras que eles proclamaram. Considere, por exemplo, os versículos 14 e 15. Jesus disse aos seus apóstolos que, se alguma casa ou cidade não ouvissem as palavras deles, deveriam sacudir o pó dos pés contra ela. Ora, sacudir o pó dos pés de alguém era um insulto tremendo vindo de um judeu. Era uma expressão de convicção sincera de que Deus iria julgar aquela casa ou cidade e que o julgamento seria tão mau que um judeu temente a Deus não desejaria nem mesmo o *pó* daquela cidade perto de si, quando ela ruísse. As palavras de Jesus confirmam isso: "Em verdade vos digo que menos rigor haverá para Sodoma e Gomorra, no Dia do Juízo, do que para aquela cidade". Isto é uma promessa terrível, mas o fato importante a ser notado é quão estritamente o juízo está ligado à mensagem dos apóstolos. Receber a mensagem deles significava receber a Palavra de Deus e todas as bênçãos envolvidas. Rejeitar a palavra deles significava rejeitar a Palavra de Deus e trazer sobre si mesmo os horrores do juízo.

Esta mesma verdade é enfatizada no final do discurso, em Mateus 10.40. Eis o que Jesus disse aos seus discípulos, em conclusão: "Quem vos recebe a mim me recebe; e quem me recebe recebe aquele que me enviou". Essa é uma afirmação extraordinária sobre a autoridade inerente à pregação dos apóstolos. Você percebe o que Jesus estava dizendo? Estar em relacionamento com Deus é, em última análise, uma questão de receber – ou seja, crer, aceitar como verdadeiro e confiar em – o evangelho pregado por lábios humanos. Seguindo a lógica em direção oposta: quem recebe "aquele que enviou [a Jesus]" é precisamente quem recebe a Jesus. E quem recebe a Jesus? Aquele que "vos" recebe, ou seja, recebe os pregadores. Isso não significa simplesmente ser bons para eles como pessoas. A parte anterior do capítulo deixa claro que o conceito em foco nesta passagem é recebê-los no sentido de receber *a mensagem deles*. Admirável: o meio de receber a Deus, de conhecê-lo e ser conhecido por ele, está na proclamação da palavra – em pregar.

Em 2 Coríntios 5, Paulo escreveu esta maravilhosa passagem sobre o ministério de pregação: "Somos embaixadores em nome de Cristo, como se Deus exortasse por nosso intermédio. Em nome de Cristo, pois, rogamos que vos reconcilieis com Deus" (v. 20). Aqui, Paulo parecia fundamentar-se na mesma lógica que Jesus ensinou em Mateus 10. Quando Paulo pregava, disse ele, a pregação não era meras palavras de seus lábios; era Deus rogando *"por nosso intermédio"*. Assim, se uma pessoa ouvisse e recebesse a pregação do evangelho feita por Paulo, essa pessoa receberia nada menos do que o apelo *de Deus*, pela pregação de Paulo, para que se reconciliasse com ele por meio de Jesus.

Você pensa em sua própria pregação destas maneiras? Pensa em sua pregação como uma proclamação categórica do apelo de Deus para que pessoas se reconciliem com ele? Você compreende que é por receber sua proclamação das Escrituras que pessoas recebem a Jesus e, consequentemente, recebem a Deus? Você deveria pensar assim. Pregar não é, em última análise, uma questão de oferecer alguns poucos pensamentos, em diferentes passagens, *sobre* Deus ou *sobre* a Bíblia. É a proclamação de uma mensagem imperativa procedente do trono do próprio céu: *reconcilie-se com Deus por meio de Jesus!* Entender essa verdade teológica sobre a pregação pode fazer toda a diferença entre um ministério de pregação tímido que apenas faz sugestões sobre algumas coisas "nas quais talvez queiramos pensar" e um ministério de pregação que proclama as boas novas, diretamente do trono de Deus, de que aqueles que confiarem em Cristo e o confessarem como Senhor acharão nele misericórdia, perdão e salvação – e vida nova!

CAPÍTULO 3

A CENTRALIDADE DA PREGAÇÃO EXPOSITIVA

A teologia afeta a prática. Todos sabemos que isso é verdade. As ideias que sustentamos em nossa mente, as coisas que aceitamos como *verdadeiras*, sempre afetam a maneira como agimos e vivemos. O que pensamos sobre a família, por exemplo, afeta a maneira como vivemos em nossa própria família. A maneira como pensamos sobre o nosso trabalho afeta o modo como agimos quando realizamos o trabalho. Como entendemos a natureza e a importância da igreja afeta o nosso modo de agir como membros de igreja e líderes de igreja. E o que entendemos ser verdadeiro quanto à pregação afeta o modo como pregamos e quanta prioridade damos à pregação em nossas igrejas locais.

Se o que dissemos nos dois últimos capítulos é verdadeiro – que a Palavra de Deus dá vida e que a pregação é a proclamação da Palavra de Deus –, então algumas coisas se tornam inevitáveis em nosso pensamento e prática da pregação.

A Pregação Tem de Expor a Palavra de Deus para o Povo de Deus

Primeiramente, a natureza da pregação como a proclamação da Palavra de Deus significa que toda e qualquer pregação cristã deriva sua autoridade necessariamente de estar arraigada em e estritamente ligada à Palavra de Deus, as Escrituras. Em termos mais precisos, qualquer coisa que *não* esteja arraigada e estritamente ligada à Palavra de Deus não é pregação, de modo algum. É apenas um discurso. Não temos espaço aqui para argumentar que a Bíblia é a Palavra de Deus. A maioria das pessoas que estão lendo este livro, cremos, já creem nisso, e outros já estabeleceram hábil e eficientemente esse argumento. A Bíblia é a Palavra de Deus escrita, e, por conseguinte, qualquer pregação que proclama verdadeiramente a Palavra de Deus tem de obter sua mensagem, do começo ao fim, da Bíblia.

Sendo assim, cremos que o tipo de pregação que mais promove a saúde da igreja e a maturidade dos crentes é a *pregação expositiva*. Ora, esta é uma expressão problemática na igreja destes dias, e, como outras expressões problemáticas, é provável que já tenha sido definida de mais maneiras do que são realmente proveitosas. Essencialmente, a expressão diz respeito à pregação que expõe a Palavra de Deus para o povo de Deus, explica-a para eles e aplica-a ao seu coração, de modo que possam entendê-la e obedecê-la. Em mais detalhes, eis uma definição funcional da pregação expositiva. *Pregação expositiva é uma pre-*

gação em que o ponto principal do texto bíblico em consideração se torna o ponto principal do sermão que está sendo pregado. Em outras palavras, se Paulo estava tentando atingir certo ponto em Efésios 3, um sermão expositivo sobre Efésios 3 tomará como seu ponto principal não uma implicação de Efésios 3, não um ponto secundário ou terciário de Efésios 3, não uma meditação em algumas ramificações de Efésios 3, mas precisamente o ponto principal que Paulo estava tentando comunicar em Efésios. Este sermão fará uma exposição de Efésios 3 – seu significado, seu ensino principal, seu âmago, seu fluxo de pensamento, sua paixão – à congregação. E, é claro, no processo (e talvez principalmente), o sermão exporá a congregação a Efésios3.

Ora, há várias coisas que devemos dizer para evitar confusão, em especial sobre o que *não* estamos dizendo nesta definição de pregação expositiva. Eis algumas:

1. *Não estamos dizendo que a pregação expositiva tem de ser feita versículo por versículo em todos os livros da Bíblia.* Você pode pensar que este é o caso. E, à medida que este livro prossegue, defendemos a sabedoria de algo parecido com essa abordagem. Mas pensamos que é totalmente possível alguém pregar uma série sobre oração, em que cada sermão exponha o ensino sobre oração numa passagem diferente da Escritura. O importante não é que os textos sejam sequenciais, mas que permitamos cada texto falar, por meio do sermão, sua própria mensagem em seu próprio contexto.[1]

---

1 Ver, por exemplo, Mark Dever e Michael Lawrence, *It Is Well: Sermons on Atonement* (Wheaton, IL: Crossway, 2009).

2. *Não estamos dizendo que a pregação expositiva exclui a pregação temática como prática ilegítima.* Às vezes, sermões temáticos são uma maneira importante de oferecer a uma igreja uma olhada abrangente no que a Bíblia diz sobre determinado tema. Evidentemente, isso significa que, às vezes, você fará de um ensino de segundo ou terceiro nível o ponto principal de um texto específico. Isso é perfeitamente adequado e contribuirá para que a congregação aprenda a estudar e a entender a Bíblia, se reconhecerem que estão fazendo isso. Você não quer que sua congregação pense que o ponto principal de Lucas 2.10-14 é que *os anjos realmente cantam* – se em algum momento precisarem saber disso. Argumentaremos neste livro que a melhor dieta de longo prazo para uma igreja é um ministério de pregação que segue os livros da Bíblia. Deus não inspirou a Bíblia tematicamente, e deve haver uma razão para isso. Falaremos mais sobre isso adiante. Mas não estamos dizendo que sermões temáticos são ilegítimos, errados e inúteis para uma igreja.

3. *Não estamos dizendo que a pregação expositiva é apenas uma série de palestras, cujo principal alvo é transferência de informação.* Essa é uma das queixas que ouvimos frequentemente contra a pregação expositiva – que ela é palestra monótona, irrelevante e teórica de um texto da Escritura. Você ouve informações sobre o contexto cultural dos judeus do século I e longos discursos sobre preposições gregas, sintaxe de hebraico e "porque o 'portanto' está ali"; e vai embora com a mente cheia e seu coração não incomodado. Isso *não é*, enfaticamente, o que temos em mente quando incentivamos a pregação expositiva. Expor um texto da Escritura para uma congregação significa

que você o expõe ao coração das pessoas e expõe o coração das pessoas ao texto. Você explica para sua congregação o significado essencial do texto – que raramente, aliás, exige qualquer explicação de todos os aspectos do aoristo – e, depois, leva esse significado do texto até ao coração, por meio de aplicação.

4. Não estamos dizendo que a pregação expositiva é caracterizada por algum estilo específico. Não é necessariamente erudita ou carismática, jovial ou senil, estimulante ou monótona. A pregação expositiva é um método, não um estilo. Alguns pregadores terão uma atitude acadêmica e erudita quando expuserem um texto; outros serão engraçados. Mark Dever prega para um grande número de funcionários do Congresso; Greg prega para um grande número de alunos de faculdade. Há diferenças de estilo até entre nós e diferenças de estilo ainda maiores entre nós e outros pregadores expositivos. Método, e não estilo, é a questão principal.

5. *Não estamos dizendo que a pregação expositiva não é pregação evangelística.* É, realmente. E tem de ser. Jesus ensinou a seus discípulos que toda passagem da Bíblia aponta, em última análise, para ele. Os nossos sermões também deveriam fazer isso. Se pregamos a Bíblia e discernimos corretamente seu significado, todo sermão, de uma maneira ou de outra, levará a Jesus e à sua identidade como Senhor e Salvador. Um sermão expositivo que não aponta para Jesus não compreende corretamente o seu texto.[2]

---

2 Ver o capítulo de Mark Dever em *Give Praise to God*, editado por Philip Graham Ryken, Derek W. H. Thomas e J. Ligon, III Duncan (Phillipsburgh, NJ: P & R Publishing, 2003).

Portanto, estas são algumas coisas que não estamos querendo dizer quando falamos em pregação expositiva. O que queremos dizer é que pregação expositiva é *a pregação em que o ponto principal do texto bíblico em consideração se torna o ponto principal do sermão que está sendo pregado.*

Mas Onde Está Isso na Bíblia?

É claro que uma das primeiras questões que temos de considerar é se este tipo de pregação aparece na Bíblia. E, temos de admitir, que não vemos muito na Bíblia que se pareça com nossas anotações de sermões. Mas não feche o livro agora! Não é tão simples assim.

O fato é este: a Bíblia tem muitos tipos diferentes de pregação. Você tem as lamentações de Jeremias, as parábolas de Jesus, a exposição de Moisés sobre a Lei, o raciocínio lógico de Paulo, os vaticínios de Ezequiel. E a principal coisa que devemos ver em todos esses tipos de pregação é que os pregadores estavam engajados na obra de proclamar a Palavra de Deus aos seus ouvintes. Isso é o que eles entendiam que estavam fazendo; e, de fato, não fazer isso como profeta ou pregador significava falhar em sua responsabilidade e atrair condenação para si mesmo. Por isso, Jeremias diz àqueles que presumem profetizar (ou pregar!) o que Deus não tem dito:

> *Disse-me o* Senhor: *Os profetas profetizam mentiras em meu nome, nunca os enviei, nem lhes dei ordem, nem lhes falei; visão falsa, adivinhação, vaidade e o engano do seu íntimo são o que eles vos profetizam. Portanto, assim diz o* Senhor

> *acerca dos profetas que, profetizando em meu nome, sem que eu os tenha mandado, dizem que nem espada, nem fome haverá nesta terra: À espada e à fome serão consumidos esses profetas (Jr 14.14-15).*

Aqueles que presumem falar em nome de Deus fazem bem ao assegurarem-se de que o que dizem é o que Deus diz. Expor a Palavra de Deus é, conforme a Bíblia, o alvo de todo profeta e pregador de Deus.

Devemos também reconhecer a diferença entre os profetas do Antigo Testamento, os apóstolos e nós. Isso nos ajuda a explicar, de maneira relevante, por que não vemos aquelas pessoas pregando exatamente da mesma maneira que estamos defendendo aqui – leitura, explicação e aplicação de um texto específico da Escritura. A diferença é simples, mas profunda: a Palavra de Deus vinha diretamente aos profetas e aos apóstolos. Ela não vem diretamente a nós, que a sabemos por meio da Bíblia. Eles escreveram a Bíblia, nós a lemos.

Isso também é verdade, de maneira mais profunda, em relação a Jesus. Ele *era* Deus e, portanto, anunciava a Palavra de Deus de uma maneira totalmente singular. De vez em quando, ouvimos pessoas dizerem que não pregam expositivamente porque querem pregar como Jesus. O que elas estão dizendo é que querem pegar uma verdade espiritual, formar uma história brilhante sobre essa verdade e, depois, contar essa história. Esse é um ótimo sentimento, mas pensamos que pregadores que dizem esse tipo de coisa não pensam bastante. Não estão dando a Jesus crédito suficiente. O fato é que a maioria dos pregadores cristãos (que, de algum modo, creem que a Bíblia é a Palavra de Deus) não *sonhariam* em pregar como Jesus pregava. Não *realmente*. Não poderiam se levantar diante de sua congregação e dizer: "Vocês têm lido na Bíblia que... mas eu lhes digo...!" Esse tipo de autoridade pertencia a Jesus – e somente a Jesus. Ele é o cumprimento da lei e dos profetas. Nós não somos. Ele é o Filho de Deus. Nós não somos. Toda palavra que saía dos lábios de Jesus era a Palavra de Deus. Nós falamos a Palavra de Deus somente quando pregamos o que está na Bíblia.

Na verdade, isso é exatamente o que vemos os pregadores que não eram apóstolos, nem profetas, nem o Filho de Deus fazerem em toda a Bíblia. Eles pregavam as Escrituras, explicando-as e aplicando-as aos seus ouvintes. Pense, por exemplo, nos sacerdotes levitas. Além de oferecerem sacrifícios no templo, eles também eram encarregados de ensinar a lei ao povo de Israel, instruí-los na lei e exortá-los a obedecerem à lei. Deuteronômio 33.10 define o trabalho básico deles: "Ensinou os teus juízos a Jacó e a tua lei, a Israel; ofereceu incenso às tuas narinas e holocausto, sobre o teu altar". Esdras, o escriba, entendeu a mesma coisa sobre este encargo. Quando o povo de Israel retornou para Jerusalém de seu exílio na Babilônia, eis o que aconteceu:

> *Em chegando o sétimo mês, e estando os filhos de Israel nas suas cidades, todo o povo se ajuntou como um só homem, na praça, diante da Porta das Águas; e disseram a Esdras, o escriba, que trouxesse o Livro da Lei de Moisés, que o* SENHOR

tinha prescrito a Israel. Esdras, o sacerdote, trouxe a lei perante a congregação, tanto de homens como de mulheres e de todos os que eram capazes de entender o que ouviam. Era o primeiro dia do sétimo mês. E leu no livro, diante da praça, que está fronteira à Porta das Águas, desde a alva até ao meio--dia, perante homens e mulheres e os que podiam entender; e todo o povo tinha os ouvidos atentos ao Livro da Lei. Esdras, o escriba, estava num púlpito de madeira, que fizera para aquele fim... Esdras abriu o livro à vista de todo o povo, porque estava acima dele; abrindo-o ele, todo o povo pôs em pé. Esdras bendisse ao SENHOR, o grande Deus; e todo o povo respondeu: Amém! Amém! E, levantando as mãos, inclinaram-se e adoraram o SENHOR, com o rosto em terra. E Jesua, Bani, Serebias, Jamim, Acube, Sabetai, Hodias, Maaséias, Quelita, Azarias, Jozabade, Hanã, Pelaías e os levitas ensinavam o povo na Lei; o povo estava no seu lugar. Leram no livro, na Lei de Deus, claramente, dando explicações, de maneira que entendessem o que se lia (Ne 8.1-8).

O senso de drama nesta passagem é palpável. É como um videoclipe com os melhores lances de um jogo de basquete que exibe a bola caindo na cesta repetidas vezes. "Disseram a Esdras, o escriba, que trouxesse o Livro da Lei... Esdras, o sacerdote, trouxe a lei.... E leu no livro... Esdras, o escriba, estava num púlpito de madeira... Esdras abriu o livro à vista de todo o povo... Leram no livro, na Lei de Deus... de maneira que entendessem". Esdras estava agindo como um profeta aqui. A palavra de Deus não estava vindo diretamente a ele. Mas ele sabia que o povo precisava da Palavra de Deus, mais urgentemente do que qualquer outra coisa. Então, o que ele fez? Leu e explicou a Bíblia.

E, se isso não é o bastante, acontece que a proclamação expositiva se dá muito mais frequentemente na Bíblia do que podemos pensar – feita até mesmos pelos apóstolos e o próprio Jesus! Lucas 24 relata o que só pode ser descrito como um grande sermão expositivo pregado sobre todo o Antigo Testamento, pelo próprio Senhor Jesus.

> *Então, lhes disse Jesus: Ó néscios e tardos de coração para crer tudo que os profetas disseram! Porventura, não convinha que o Cristo padecesse e entrasse na sua glória? E, começando por Moisés, discorrendo por todos os Profetas, expunha-lhes o que a seu respeito constava em todas as Escrituras (vv. 25-27).*

Sem dúvida, foi um sermão pregado a apenas duas pessoas, mas Jesus estava explicando as Escrituras para essas duas pessoas. "Começando por Moisés, discorrendo por todos os Profetas, expunha-lhes o que a seu respeito constava *em todas as Escrituras.*"

Ora, provavelmente ele fez isso para que os dois discípulos o fizessem para outros. E isso é exatamente o que vemos acontecer quando a Palavra de Deus começa a propagar-se. Em Atos 2, no Dia de Pentecostes, Pedro se levanta e prega um sermão em que expõe porções de Joel 2, Salmo 16 e Salmo 110, para explicar ao povo o que acabara de acontecer e sua base na morte e ressurreição de Jesus. Não, não se parece com o meu sermão, mas é um sermão expositivo! Expõe o significado dos textos bíblicos e exorta os ouvintes a agirem de acordo com eles. Em Atos 7, o sermão de Estêvão para o Sinédrio é uma longa exposição da história do Antigo Testamento. Ele desenvolve essa história e explica como ela acha seu cumprimento em Jesus. De novo, não é exatamente como o meu, mas o sermão de Estêvão é um sermão expositivo.

O livro de Hebreus parece também ser, em si mesmo, um sermão expositivo. Várias características do livro o fazem parecer como se tivesse a intenção de ser pregado verbalmente; e toda a estrutura do livro é uma série de explicações e aplicações de textos específicos do Antigo Testamento. O capítulo 1, por exemplo, expõe Salmo 110. O capítulo 2 expõe Salmo 8. Os capítulos 3 e 4 expõem partes de Salmo 95. O capítulo 5 expõe Salmo 2 e Salmo 110. O capítulo 7 expõe Gênesis 14 e Salmo 110. O capítulo 8 expõe Jeremias 31. E assim por diante. Outra vez, não se parece com o meu, mas Hebreus é um sermão expositivo. Quem quer que o tenha pregado, leu e explicou a Bíblia.

Estes não são exemplos isolados. Parecem ser exemplos do padrão geral da pregação apostólica. Considere estes versículos que descrevem a maneira como Paulo proclamou a Jesus entre os judeus:

Em Éfeso:

> *Durante três meses, Paulo frequentou a sinagoga, onde falava ousadamente, dissertando e persuadindo com respeito ao reino de Deus (At 19.8).*

Em Damasco:

> Saulo, porém, mais e mais se fortalecia e confundia os judeus que moravam em Damasco, demonstrando que Jesus é o Cristo (At 9.22).

Em Atenas:

> Por isso, dissertava na sinagoga entre os judeus e os gentios piedosos (At 17.17).

Em Corinto:

> E todos os sábados discorria na sinagoga, persuadindo tanto judeus como gregos (At 18.4).

Paulo argumentava, persuadia e confundia. Trabalhava para demonstrar "que Jesus é o Cristo". Mas como? Como você persuade alguém de que Jesus é o Messias? Como você prova isso? Estes versículos específicos não o dizem, mas outros o dizem. Veja estes:

Em Tessalônica:

> Tendo passado por Anfípolis e Apolônia, chegaram a Tessalônica, onde havia uma sinagoga de judeus. Paulo, segundo o seu costume, foi procurá-los e, por três sábados, arrazoou com eles acerca das Escrituras, expondo e demonstrando ter sido necessário que o Cristo padecesse e ressurgisse dentre os mortos; e este, dizia ele, é o Cristo, Jesus, que eu vos anuncio (At 17.1-3).

Em Roma:

> Então, desde a manhã até à tarde, lhes fez uma exposição em testemunho do reino de Deus, procurando persuadi-los a respeito de Jesus, tanto pela lei de Moisés como pelos profetas (At 28.23).

Todas as mesmas palavras estão nestas passagens – explicando, arrazoando, provando. Isto era o que Paulo fazia. Mas você percebe como ele o fazia? A partir "das Escrituras", da "lei de Moisés" e dos "profetas". A história não poderia ser mais clara. Paulo abria a Bíblia, explicava-a e exortava as pessoas a responderem ao que a Bíblia diz.

Como pregadores, também somos chamados a fazer isso. Somos chamados a expor a Palavra de Deus – as Escrituras – para nossos ouvintes. O nosso chamado não é para dividirmos ou adotarmos rótulos. O nosso chamado é para seguirmos o exemplo de outros pregadores que vemos na Escritura. Repetidas vezes, o padrão é mostrado com clareza: eles leem a Palavra de Deus, explicam-na e exortam as pessoas a responderem ao que ela diz. Chame a isso do que você quiser; nós o chamamos *pregação expositiva*.

A Palavra de Deus no Centro

Se tudo que temos falado a esta altura é verdade, tanto sobre a Palavra de Deus quanto sobre a Palavra de Deus pregada, então, não é surpresa que os cristãos tenham feito, no decorrer da história, da pregação da Bíblia a principal parte da vida da igreja. A pregação da Bíblia sempre esteve no centro da fé dos cristãos e no centro de suas igrejas. Nos primeiros anos da igreja, essa ênfase na pregação da Palavra foi nada menos que escandalosa. Os cristãos foram escarnecidos como "ateístas" porque o foco de sua fé era a Palavra falada e não estátuas e imagens de seus deuses.

Sendo honestos, a centralidade da Palavra pregada ainda é escandalosa hoje. Ninguém nos chama de "ateístas" por causa disso, mas pessoas se irritam com o fato de que, numa época em que o visual predomina e o diálogo é rei, os cristãos ainda sentam e ouvem um homem falar-lhes por um longo período de tempo. E o pior de tudo é que na saída não há um Livro de Opiniões para você registrar seu pensamento sobre o assunto! Entretanto, apesar do que as pessoas querem ou *pensam* que precisam, a verdade é que precisam ouvir a Palavra de Deus explicada e aplicada ao seu coração e à sua vontade. E isso acontece por meio da pregação expositiva.

Por causa disso, parece autoevidente que a pregação da Palavra deveria permanecer no centro tanto dos cultos públicos de uma igreja quanto no centro da vida da igreja como um todo.

Pense nisto: qual é o ponto central do principal culto de sua igreja? O que as pessoas saem lembrando? Ao que tudo leva e de onde tudo flui? Para algumas igrejas, é a música, ou uma dramatização ou algum tipo de apresentação. Para outras, é o batismo ou a Ceia do Senhor. Argumentamos, porém, que o centro do principal culto de uma igreja – o componente do culto que demanda mais atenção – deve ser o sermão. De fato, o sermão deve ser a única coisa que molda tudo mais no culto de adoração. A forma do culto, desde as canções às leituras bíblicas e às orações, deve fluir de e ser moldada pelo texto da Escritura que será exposto. É claro que alguns elementos devem ser incluídos em nossas assembleias públicas independentemente do texto do sermão – o batismo e a Ceia do Senhor, leitura da Escritura, oração e canto, confissão de pecados e encorajamento mútuo na fé. Todavia, o encorajamento específico que vem durante um culto, ou os pecados específicos que são confessados, ou os aspectos do caráter de Deus que enfatizamos em nossas orações e nos cânticos que entoamos, todas estas coisas devem ser norteadas pela passagem principal que será pregada à congregação. Quando isso acontece, todo o culto se torna como um raio laser, e a verdade da Escritura é aplicada poderosamente a cada ponto do tempo da igreja reunida.

Às vezes, argumenta-se, fazer do sermão o ponto central de nosso culto de adoração exige muito mais daqueles que o assistem. Eles não estão acostumados a ficarem sentados para ouvir a voz de um único homem por muito tempo. Certamente, simpatizamos com esse argumento. Ouvir um sermão pode exigir mais energia do que assistir a um batismo ou participar da Ceia do Senhor. Mas falta de concentração não é uma virtude entre cristãos, também não é algo "puramente humano" que devemos tolerar. Na verdade, a capacidade de engajar-nos com a Palavra de Deus pregada é uma das coisas que nós, como pastores, devemos ensinar às nossas congregações e esperar delas. Há uma história de um velho ministro puritano, membro da Assembleia de Westminster, que foi interrompido no meio de seu sermão:

> *Poucos dias antes de sua morte, quando ele estava pregando [na Igreja de St. Gregory], um homem rude gritou em voz alta para ele: "Levante a voz, pois não posso ouvi-lo", a quem Mr. Vines replicou: "Levante os ouvidos, pois não posso falar mais alto".*[3]

Talvez nós, como pregadores, deveríamos ser mais exigentes para com os nossos ouvintes, em vez de irmos "ao encontro deles onde estão" em sua medida de atenção devastada por Internet, retalhada por televisão, de 140 caracteres apenas e quase decepada. Isso não significa que devemos pregar sermões pobres e dizer-lhes que têm a obrigação de ouvi-los. Mas significa que talvez devamos ensinar os crentes que Deus colocou sob nosso cuidado o fato de que eles precisam *labutar* em ouvir o sermão, assim como nós labutamos em prepará-lo e pregá-lo. Outro puritano, Thomas Watson, disse: "Quando chegamos para ouvir a Palavra, devemos pensar em nosso íntimo: 'Vamos ouvir a voz de Deus neste pregador'".[4]

Mark Ashton, da Igreja de St. Andrew, o Grande, em Cambridge (Inglaterra), disse muito bem:

> *Para o pregador, há poucos barulhos mais encorajadores do que o barulho de páginas da Bíblia na congregação, quando ele anuncia o seu texto. Ele deve obter ânimo disso, mais do que dos sons de aprovação pelo que está dizendo durante o sermão.*

---

[3] James Reid, *Memoirs of the Westminster Divines*, vol. 2 (Carlisle, PA: Banner of Truth, 1983), 196.

[4] Thomas Watson, *Haven Taken by Storm* (Grand Rapids, MI: Soli Deo Gloria Ministries, 2003), 17.

> *Uma congregação fiel extrairá pregação fiel de seu pastor. Em sentido oposto, é muito difícil perseverar como um mestre fiel da Palavra de Deus para uma congregação que não quer que a Escritura lhe seja ensinada. Em certa medida, as congregações têm o pregador que merecem, porque pregar é um processo de mão dupla: a atitude do pregador e a atitude da congregação têm de se unir numa fome humilde da Palavra de Deus.[5]*

A centralidade do sermão nos cultos da igreja deveria ser sentida, também, na vida da congregação como um todo. Tanto nos momentos que antecedem o sermão matinal de domingo como nos demais eventos da igreja durante a semana, as verdades da Palavra de Deus expostas no domingo de manhã deveriam ficar evidentes e guiar a agenda. Por exemplo, tanto Mark quanto eu planejamos nossa pregação com antecedência, e até imprimimos cartões que apresentam os textos e os títulos dos sermões para as semanas e os meses vindouros. Dessa maneira, os membros de nossa igreja podem ver o que será exposto no domingo seguinte e passará a semana anterior lendo e meditando naquela porção da Escritura. O interesse é aguçado, perguntas são despertadas, e o coração é preparado para vir com expectativa para ouvir a pregação da Palavra. Na *Third Avenue Baptist Church*, que Greg pastoreia, a igreja organiza seus grupos de lares em torno do assunto do sermão do domingo anterior. A discussão é engendrada em direção a uma aplicação personalizada e realista do texto que foi pregado.

---

5 Don Carson, ed., *Worship by the Book* (Grand Rapids, MI: Zondervan, 2002), 100.

E quando a pregação molda a agenda da vida da igreja como um todo, a congregação começa a aprender a importância de proteger o horário de ministério do pastor, a fim de que ele tenha tempo suficiente de preparar-se para pregar. Toda igreja precisa entender o que a Bíblia ensina sobre seus líderes, em especial sobre o papel central que Deus confiou aos ministros da Palavra, de serem pregadores e mestres da Palavra. Muitos pastores se acham incapazes de dedicarem-se à preparação para o ministério da Palavra porque ficam muito ocupados servindo às mesas (At 6.2). Outros líderes na igreja e na congregação como um todo precisam aprender a estabelecer suas expectativas. Precisam entender que o sermão é o centro da responsabilidade do pastor. Se fôssemos honestos, deveríamos admitir que quase todas as demais coisas poderiam ser feitas por outros líderes qualificados da igreja, mas o principal ensino da igreja é tarefa específica do pregador, além de ser a necessidade central da igreja.

Estas centralidades inter-relacionadas — a necessidade da igreja e a tarefa do pastor — deveriam ser claramente entendidas e reconhecidas pela igreja como um todo. Adotar essa atitude não somente protegerá de confusão e desânimo, mas também fomentará o crescimento espiritual da igreja.

Afinal de contas, isso é o que almejamos, não é? Queremos ver os membros de nossas igrejas crescendo em maturidade. Queremos vê-los aprendendo a amarem mais a Deus, a amarem mais a seu Filho, Jesus, a amarem mais uns aos outros, em Cristo. Queremos vê-los espiritualmente *vivos*. Isso é o que a Palavra de Deus faz quando é pregada. Ela dá vida, convence, encoraja, desafia e produz fé.[6] Essas são, portanto, as coisas que esperamos ver quando expomos as Escrituras para o nosso povo e tornamos a Palavra de Deus o centro da vida de nossas igrejas – não porque somos pregadores eficazes, mas porque a Palavra de Deus é especial e singularmente poderosa.

---

6 Jonathan Leeman, *A Igreja e a Surpreendente Ofensa do Amor de Deus* (São José dos Campos, SP: Fiel, 2013).

CAPÍTULO 4

O QUE A PREGAÇÃO FAZ

Pense por um momento nos sermões pregados nas igrejas em todo o mundo no domingo passado. Sobre o que você acha que foram? Que assuntos abordaram? Que perguntas foram feitas? Que exortações foram dadas? Quantos dos sermões pregados nos púlpitos ao redor do mundo no domingo passado você imagina se opuseram às inclinações da cultura prevalecente? Quantos deles você acha que apenas *reforçaram* a cultura prevalecente?

Há alguns anos, o escritor metodista Bill McKibbens escreveu um artigo na revista *Harper's* intitulado "O Paradoxo Cristão: Como Uma Nação Fiel Entende a Jesus de Modo Errado". Nesse artigo, McKibbens escreveu sobre a pregação que tinha ouvido em megaigrejas evangélicas. "Parece muito com o resto da cultura", ele disse. "De fato, a maior parte do que se ouve como pregação nestes lugares não é insensato, de modo algum. É preocupantemente convencional". E prosseguiu:

> Os pastores se focalizam incansavelmente em você e em suas necessidades individuais. O alvo deles é servir a consumidores – não a comunidades, mas a indivíduos – "interessados". Este é o jargão que os define: pessoas que sentem a necessidade por alguma espiritualidade em sua vida (ou na vida de seus filhos), mas que não são estritamente ligados a nenhuma denominação ou escola de pensamento específicas. O resultado é, frequentemente, um tipo de fé imprecisa, confortável, suburbana. Um repórter do *New York Times*, que visitou recentemente uma dessas igrejas, perto de Phoenix, achou esta cena típica: estandes drive-thru de café expresso, docinhos servidos em cada culto e sermões sobre "como disciplinar seu filho, como atingir seus alvos profissionais, como investir seu dinheiro, como diminuir suas dívidas". Aos domingos, as crianças brincavam com consoles de jogos distribuídos à igreja, e muitos congregantes haviam se matriculado num curso de aeróbica, de duas semanas, chamado Crentes Firmes.[1]

A abdicação de liderança é uma forma de liderança, assim como o é uma iniciativa piedosa. Se você falha em guiar um barco, ele simplesmente segue a correnteza, sujeito a todos os

---

[1] Bill McKibbens, "The ChistianParadox: How a faithfulnationgets Jesus wrong", *Harper's Magazine* (August 2005), 34.

redemoinhos, rochas e bancos de areia no rio, sem nada a impedi-lo. Muitas igrejas contemporâneas têm pregadores que olham para a cultura ao seu redor não apenas em busca dos métodos mais eficientes de comunicar sua mensagem, mas também da mensagem mais eficiente a ser pregada. Não poucas igrejas – e isso inclui muitas igrejas "evangélicas" – têm seguido tão ampla e tão intimamente a cultura que se tornaram indistinguíveis dela.

Pregar em Busca de Efeito

A pregação cristã tem em seu âmago o desejo de fazer uma mudança, dizer algo que o mundo não ouve de qualquer outra fonte e nem mesmo *quer* ouvir. O fato é que os pregadores cristãos não estão *procurando* maneiras de serem contrários. Acontece que a mensagem que nos foi confiada a pregar é a declaração de que a raça humana está em rebelião contra nosso Rei e de que temos apenas estas escolhas: sermos julgados por nossa rebelião ou recebermos amor e perdão das mãos dele – e essa declaração é contrária à cultura, desafiadora do *status quo* e ofensiva às pessoas. Jesus sabia que a mensagem que estava entregando aos seus apóstolos, para que a pregassem, não era uma mensagem que lhes traria aplausos. Ele disse: "Não penseis que vim trazer paz à terra; não vim trazer paz, mas espada" (Mt 10.34). A mensagem que os apóstolos pregavam deveria fazer o mundo reagir contra ela porque era oposta ao mundo. Era uma mensagem que procurava não somente convidar as pessoas a pensarem em algumas poucas coisas, a meditarem nesta ou naquela ideia ou a nutrirem seus pensamentos com ela. Era uma mensagem que tinha como alvo mudança.

A pregação cristã procura causar mudança. É oposta à cultura prevalecente, desafia pressuposições, convence do pecado e chama as pessoas a colocarem sua fé em Jesus Cristo. Todos os argumentos lógicos e todas as ilustrações cuidadosas que usamos em nossa pregação não são incluídas como parte da mensagem apenas para exibir habilidade artística; nós as usamos num esforço para ter um efeito naqueles que ouvem. Afinal de contas, toda a nossa salvação, como cristãos, depende do fato de que ouvimos a voz de Deus nos chamando a arrepender-nos e a nos voltarmos de um caminho para outro. Um mudança precisava acontecer, e essa mudança foi realizada por meio de ouvirmos uma mensagem. Quando pregamos, devemos pregar tendo em vista o mesmo efeito nos outros.

Um exemplo desta ideia de "pregar em busca de efeito" está nas instruções para pregadores que são dadas no *Diretório de Culto de Westminster*. Eis o que aqueles pastores aconselharam:

> *Em exortação, repreensão e admoestação pública (que exigem sabedoria especial), ele [o pregador], como haverá uma causa, deve não somente expor a natureza e a grandeza do pecado, com a miséria que o acompanha, mas também mostrar o perigo em que seus ouvintes estão de serem dominados e surpreendidos por ele, bem como os remédios e a melhor maneira de evitá-lo.*[2]

Você percebe o que eles estavam dizendo com estas palavras? Vá e exponha para as pessoas a natureza e a grandeza de

---

2 Ver Westminster Directory of Public Worship: Discussed by Mark Dever and Sinclair Ferguson (Christian Focus Publications, 2009).

um pecado específico. Mostre-lhes a miséria que acompanha o pecado e o perigo que elas enfrentam se são dominados por ele. Mas não pare aí! Mostre-lhes também como curar o pecado, como lutar contra ele e como evitá-lo! É claro que muito desta citação poderia ser rejeitada como moralismo, se fosse divorciada de uma proclamação do evangelho. Mas pregar visando um efeito na vida das pessoas não corrompe, de modo algum, a pureza da graça de Deus proclamada no evangelho. De fato, a realização do evangelho em nossa vida *exige* que o pecado seja considerado e enfrentado diligentemente.

A pregação da Palavra de Deus não é uma atividade passiva. Não é apenas uma meditação que estimula a mente e não vai além disso. Não, quando pregamos, nós o fazemos em busca de mudança. Pregamos em busca de efeito. Em tudo – desde a maneira como introduzimos o sermão à maneira como ilustramos nossos pontos e à maneira como levamos tudo à conclusão – pregamos com o alvo de estimular os crentes a prosseguirem em sua maturidade em Cristo e de despertar os não crentes quanto à sua necessidade do Salvador. Em resumo, isso significa que pregamos com dois alvos principais: *edificar* e *evangelizar*.

Pregamos para Edificar

No Novo Testamento, a consideração mais ampla sobre como deve ser uma reunião de cristãos está em 1 Coríntios 11-14. Paulo disse que sua maior preocupação era que tudo fosse feito "para a edificação da igreja". Em toda a epístola de 1 Coríntios, este foi o principal padrão de Paulo para decidir o que deveria ser feito e o que não deveria ser feito na igreja. Se isso é verdade, este mesmo padrão de utilidade na edificação deveria ser aplicado especialmente ao que afirmamos ser central na vida da igreja – a pregação. Quando pregamos, pregamos para edificar.

O que isso significa? O que, especificamente, devemos esperar ver em nossas igrejas como resultado de nossa pregação? Em 2 Timóteo 4, Paulo deu o que esperava ser o seu encargo final ao jovem Timóteo, a quem ele deixara em Creta, para liderar e edificar a igreja. É um encargo solene e extraordinário, amparado nas mais gloriosas e mais importantes verdades que Paulo conhecia. "Conjuro-te", disse ele, "perante Deus e Cristo Jesus, que há de julgar vivos e mortos, pela sua manifestação e pelo seu reino: prega a palavra" (vv. 1-2). Essa exortação não foi dada sem fundamento algum. Nos versículos anteriores, Paulo havia lembrado a Timóteo o poder da "palavra", pelo que ele quis dizer "os escritos sagrados", as Escrituras. O próprio Timóteo conhecia, por experiência pessoal, o poder das Escrituras. Ele se familiarizara com as Escrituras e com seu poder desde a infância e sabia que eram capazes de torná-lo "sábio para a salvação" (2 Tm 3.15). Por isso, agora Paulo o exorta a lembrar esse poder e a liberá-lo em sua congregação.

No processo de encorajar Timóteo a pregar, Paulo listou quatro alvos principais para os quais essas Escrituras são "úteis" na vida da igreja. Veja 2 Timóteo 3.16: "Toda a Escritura é inspirada por Deus e útil para o ensino, para a repreensão, para a correção, para a educação na justiça". Esta afirmação de Paulo nos dá uma ótima e detalhada ideia a respeito de como devemos orar em favor da pregação da Palavra para edificar nossas congregações. Quando pregarmos as Escrituras, as Escrituras ensinarão, repreenderão, corrigirão e educarão na justiça. Vamos considerar cada um destes efeitos que as Escrituras têm na vida de uma igreja.

As palavra que Paulo usou em 2 Timóteo 3.16 não foram escolhidas aleatoriamente. De fato, elas se dividem claramente em duas categorias. A Escritura é útil para instrução doutrinária, tanto positiva quanto negativamente, e também é útil para instrução ética, tanto positiva quanto negativamente. Conjuntamente, tudo isso provê um mapa amplo do que é exigido para edificar a igreja e fortalecer os crentes em Cristo. Todos nós somos instruídos tanto na doutrina quanto na vida cristã; e precisamos que a instrução seja não somente positiva, mostrando o caminho adiante, mas também às vezes negativa em caráter, mostrando-nos onde temos errado.

As primeiras duas palavras, ensino e repreensão, têm a ver principalmente com instrução doutrinária. "Ensinar" é explicar as Escrituras, instruir uma congregação no que as Escrituras dizem e no que elas significam. Paulo usa a mesma palavra em Romanos 15.4, quando diz: "Tudo quanto outrora foi escrito para o nosso ensino foi escrito". Parte de nossa tarefa em edificar a igreja por meio da pregação das Escrituras é instruir nossas congregações no que é verdadeiro a respeito de Deus e de seus caminhos. Quando pessoas ouvem nossa pregação, semana após semana, o entendimento delas sobre Deus será aumentado e aprimorado para que saibam melhor o que as Escrituras dizem sobre ele.

A consequência disso é que as Escrituras – e a nossa pregação delas – são proveitosas para a "repreensão". A palavra aparece apenas nesta passagem no Novo Testamento, mas nos textos em que ela aparece em outras literaturas gregas, significa algo como "uma expressão de forte desaprovação". Em outras palavras, ela significa confrontar e mostrar a falsidade de ideias erradas sobre Deus e seus caminhos. Uma das coisas surpreendentes que aprendemos como pastor é quantas ideias doutrinárias erradas os membros de nossa igreja têm acumulado durante sua vida. Dos livros que eles leem, dos programas de televisão aos quais assistem, até de suas próprias pressuposições, toda congregação têm absorvido ideias erradas sobre Deus, e, por isso, precisam de um pastor que exporá, com brandura, mas também com firmeza, as Escrituras e contradirá especificamente doutrina falsa.

O segundo grupo de palavras que Paulo usou nesta passagem, *correção* e *educação na justiça*, se refere primeiramente a preocupações éticas. Parte do edificar uma congregação envolve ensinar-lhes o que significa viver de acordo com o evangelho. A palavra *correção* foi usada em várias maneiras diferentes no grego antigo. O significado inicial da palavra era "restauração" ou "aprimoramento". Era o que se poderia fazer a uma cidade ou um prédio que havia caído em ruínas. A partir desse significado, surgiu a ideia de "restaurar" ou "melhorar" o caráter e o comportamento ético de alguém. Esse é aparentemente o significado que Paulo empregou nesta passagem. A Escritura é útil para restaurar o caráter ético de um cristão que caiu em pecado. Se "repreensão" tem a ver com confrontar e refutar erro doutrinário, "correção" tem a ver com confrontar e refutar erro ético.

"Educação na justiça" é a contraparte positiva de "correção". Comumente ela estava relacionada a "educar" e "criar" um filho. Era a combinação de disciplina formativa e desenvolvimento de caráter que os pais usavam para conduzir um filho à maturidade produtiva. Esse tipo de "educação" para a "maturidade" é um tema comum nos escritos de Paulo. Em 1 Coríntios 14.20, por exemplo, ele disse aos cristãos que eles não deveriam ser "meninos no juízo", e sim "homens amadurecidos". Em Efésios 4.13, quando Paulo apresentou uma lista dos dons que Cristo dá à igreja (incluindo pregadores e mestres), ele disse que o alvo final é que "todos cheguemos... à perfeita varonilidade, à medida da estatura da plenitude de Cristo". O que ele estava dizendo a Timóteo é, portanto, algo semelhante. Sua pregação deveria ter como alvo o amadurecimento dos cristãos; deveria contribuir para a maturidade deles em Cristo, assim como o ensino de um pai "educa" o filho para a maturidade plena.

A incumbência que Paulo deu a Timóteo, nesta passagem, sobre a eficácia e o poder da Escritura, é abrangente. Quando as Escrituras são abertas e pregadas, vidas são impactadas e edificadas em todo nível. O efeito é amplo e profundo. Pessoas são instruídas em doutrina correta, protegidas do erro, ensinadas no que significa ser maduro em Cristo e corrigidas quando sua vida se desvia desse padrão de maturidade. Pregar não é apenas uma transmissão de informação, não é apenas para não crentes. Pregamos para edificar os santos. Mas isso não é tudo.

Pregamos para Evangelizar

O significado básico da palavra que traduzimos por "pregação" – *kerysso* – é "fazer um anúncio público e oficial" de alguma coisa. Era algo que o arauto de um rei ou imperador poderia fazer, ou o anúncio da presença do rei, ou o anúncio de um dos julgamentos do rei, ou algumas notícias para o povo. Esta é a palavra usada mais frequentemente sobre a pregação de Jesus e a dos apóstolos. Mateus começa seu relato do ministério de Jesus dizendo: "Daí por diante, passou Jesus a pregar" (Mt 4.17). Em Marcos 1.38-39, vemos que o próprio Senhor Jesus deixou claro para seus discípulos que seu propósito era pregar. Pressionado pelas multidões que sabiam que ele tinha o poder de curar, Jesus disse a Pedro: "Vamos a outros lugares, às povoações vizinhas, a fim de que eu pregue também ali, pois para isso é que eu vim. Então, foi por toda a Galileia, pregando nas sinagogas deles e expelindo demônios".

Também somos informados, repetidas vezes, de que os apóstolos pregaram neste sentido de arautos de boas novas. Em Mateus 10.7, vemos que essa foi a tarefa que Jesus designou aos apóstolos: "À medida que seguirdes, pregai que está próximo o reino dos céus". Atos 8.5 nos diz que Filipe, "descendo à cidade de Samaria, anunciava-lhes a Cristo". Isso foi exatamente o que Paulo fez logo depois de recuperar a vista; ele "pregava, nas sinagogas, a Jesus, afirmando que este é o Filho de Deus" (At 9.20). Mais tarde, ao defender o seu ministério de pregação, Paulo argumentou que foi precisamente o ato de pregação que Deus usou para salvar pessoas de seus pecados:

> *Visto como, na sabedoria de Deus, o mundo não o conheceu por sua própria sabedoria, aprouve a Deus salvar os que creem pela loucura da pregação. Porque tanto os judeus pedem sinais, como os gregos buscam sabedoria; mas nós pregamos a Cristo crucificado, escândalo para os judeus, loucura para os gentios; mas para os que foram chamados, tanto judeus como gregos, pregamos a Cristo, poder de Deus e sabedoria de Deus (1 Co 1.21-25).*

"*Pregamos* a Cristo crucificado", disse Paulo. Nós o tornamos conhecido a um mundo que ainda não o conhece.

Kerysso, porém, não é a única palavra que está por trás de nossa palavra *pregar*. Talvez ainda mais interessante é o fato de que pregar traduz frequentemente a palavra *euangelizo*, "proclamar boas novas". Por exemplo, conforme Lucas 4.43, essa foi a palavra que Jesus usou para resumir seu ministério: "É necessário que eu anuncie o evangelho do reino de Deus também a outras cidades, pois para isso é que fui enviado". A expressão "anuncie o evangelho" é realmente uma única palavra no original grego – *euangelizo*. "Anunciar o evangelho" é a expressão que predomina no livro de Atos dos Apóstolos. Foi o que os crentes fizeram quando foram dispersos por causa de perseguição (At 8.4); e foi o que Paulo e Barnabé fizeram quando viajaram de cidade em cidade (At 14.7, entre outras passagens).

Diante de tudo isso, uma das coisas mais importantes que fazemos quando nos levantamos para pregar é *proclamar as boas novas de Jesus Cristo*. Tornamos Cristo conhecido, bem como as boas novas de que a salvação está nele. Assim como a pregação cristã deve edificar os crentes, assim também ela deve chamar os que ainda não creem a fazerem exatamente isso. Devemos pregar para evangelizar.

É claro que isso não significa que todo sermão precisa ser, no todo, um sermão evangelístico, direcionado primariamente aos incrédulos. Já vimos que um dos principais propósitos de pregar é edificar aqueles que já são crentes. Mas Jesus nos ensina que toda passagem da Escritura aponta, em última análise, para ele mesmo (Lc 24.27). Portanto, o evangelho deve estar no centro de cada sermão que pregamos. Além disso, muito de nossa pregação poderia talvez se beneficiar de considerarmos com atenção o nosso texto, os pontos do sermão e as nossas ilustrações à luz da perspectiva de não cristãos.

Há poucas razões por que esse tipo de perspectiva seria boa para nós e nossas igrejas. Manter a perspectiva de que talvez haja não crentes ouvindo os seus sermões será talvez mais edificante para os crentes que frequentam os cultos, porque isso o ajudará a lembrar *por que* você está falando sobre um ponto específico. Por exemplo, quando você prega sobre a Trindade, ter em mente que não cristãos estão ouvindo-o o impedirá de "considerar resumidamente o assunto" e, em vez disso, o levará a pensar sobre por que a Trindade é importante e como você poderia explicar melhor sua importância para alguém que é totalmente novo quanto ao pensamento cristão. Quando você faz isso, ajuda os *crentes* a entenderem melhor esses pontos doutrinários, o que os faz lembrar a importância e a aplicabilidade da Palavra de Deus, dá-lhes nova razão para louvarem a Deus e os ajuda também a envolverem-se com os não cristãos ao seu redor.

Eu (Mark) vivi parte de meus anos de juventude como um agnóstico. Por causa dessa experiência, aprendi, no decorrer dos anos, o valor de tentar descrever e defender a verdade bíblica à luz da perspectiva materialista e naturalista. Sei, de meus anos como incrédulo, o que significa ter uma mente cheia de pressuposições inadequadas e incrédulas, e isso me ajudou, no passar dos anos, a saber como expor uma verdade à consideração de alguém, como posicioná-la e mostrá-la no lugar certo, como apresentá-la de modo que desafie fortemente as pressuposições erradas. Na maior parte do tempo, esse é o tipo de trabalho que teremos de fazer com os nãos cristãos que frequentam nossas igrejas. Precisaremos achar uma maneira de ganhar a atenção deles com o que estamos dizendo, em vez de supormos que eles são naturalmente interessados no que temos a dizer. Por causa disso, eu abordo os não cristãos de maneira direta. Por exemplo, quando eu (Mark) estava pregando sobre 1 Coríntios 8 e comecei a considerar o ensino de Paulo sobre nosso conhecimento sendo guiado pelo amor, dirigir-me aos nãos cristãos presentes na congregação:

> Meu amigo, se nesta manhã você está aqui como um não cristão, pergunto como isto está chegando ao seu entendimento. Você já compreendeu que não foi criado para se importar apenas consigo mesmo? Isso quer dizer que você não foi criado para se importar suprema e primariamente consigo mesmo. Da mesma maneira que, por geração, fo-

mos feitos naturalmente dependentes de nossos pais e sexualmente dependentes do gênero oposto, também fomos criados para ser espiritualmente dependentes de Alguém outro, de Deus mesmo. Mas, de acordo com a Bíblia, cada um de nós é pecador e está separado de Deus. Nós o rejeitamos por escolhermos ser senhores de nós mesmos, e esta confiança centrada em nós mesmos nos deixa sujeitos ao julgamento certo de Deus, o julgamento justo de Deus, que um dia nos julgará. Fomos criados à imagem dele, e, em julgar-nos, ele manifestará sua glória por vindicar seu próprio caráter.

É claro que isso não é tudo que eu disse aos não cristãos. Mais adiante, no sermão, eu apresentei o evangelho mais completamente. Mas eu oro para que alguns dos presentes achem algo nesse parágrafo em que pensarão, talvez algo em que nunca haviam pensado antes e que os levará a pensar na verdade espiritual de uma nova maneira. Oro para que fiquem incomodados em sua incredulidade e ouçam algo que o Espírito Santo usará para convencer-lhes de autoconfiança e de pecado.

Irmãos, nunca tenham medo de dirigir-se aos nãos cristãos de maneira direta na pregação. Eles geralmente sabem quem eles mesmos são e não se ofendem quando fazemos isso! De vez em quando, Mark e eu ouvimos não cristãos nos dizerem após os sermões que apreciaram haverem sido abordados publicamente. Não é embaraçador para eles. Pelo contrário, abordá-los de maneira direta os fez saber, eles disseram, que eram bem-vindos em nossas reuniões, que tínhamos algo específico a dizer-lhes e que nos preocupávamos tanto com eles que gastávamos tempo dirigindo-nos diretamente a eles.

A Palavra Cumprirá seu Propósito

Em Isaías 55.11, o Senhor faz uma promessa impressionante e animadora: "Assim será a palavra que sair da minha boca: não voltará para mim vazia, mas fará o que me apraz e prosperará naquilo para que a designei". Quando Deus fala, sua palavra faz o que ele tenciona que ela faça. Isso é o que significa ser onipotente! Isso é também a razão por que podemos estar certos de que a Palavra de Deus pregada será bem-sucedida em seus propósitos de edificação e evangelização. O Espírito Santo usa a Palavra pregada para dar vida espiritual a pessoas que são espiritualmente mortas; ele usa a Palavra pregada também para conformar o povo de Deus mais intimamente à imagem de Jesus. Como pregadores da Palavra, devemos ter tanta confiança nisso quanto Deus tem. Quando pregamos, devemos fazer isso com a plena convicção de que Deus realizará seus propósitos por meio de sua Palavra. Ela não voltará para ele vazia.

PARTE DOIS

PRÁTICA

CAPÍTULO 5

SOBRE O QUE PREGAR

Como você decide sobre o que pregar? Esta é uma pergunta constante para os pregadores, porque mesmo depois de assumir o compromisso de pregar a Bíblia, nem sempre é óbvio que texto da Bíblia você deve pregar para sua congregação em determinado domingo. Você deveria alternar textos bíblicos ou seguir a Bíblia em ordem? Deveria pregar um parágrafo, um capítulo, uma sentença, um livro?

Homens diferentes responderam essas perguntas de maneiras diferentes. Spurgeon escreveu em suas *Lições aos Meus Alunos* que lia a sua Bíblia e esperava que o Espírito Santo imprimisse um texto em sua mente. Infelizmente, disse Spurgeon, o Espírito Santo esperava até tarde de sábado à noite para fazer a impressão, e, às vezes, ele até mudava as coisas no domingo de manhã.[1] Muitos pregadores de nossos dias seguem esse modelo, escolhendo a cada semana um ou dois versículos sobre os quais pregarão. Outros se propuseram a pregar toda a Bíblia, desde Gênesis a Apocalipse, e alguns poucos basearam seu ministério na pregação de um livro específico da Bíblia. Um pregador chamado Joseph Caryl, um ministro congregacionalista do século XVII, pregou mais de 250 sermões sobre o livro de Jó. Ele começou em 1643 e terminou quase 24 anos depois, em 1666![2]

De modo semelhante, o tamanho do texto sobre o qual homens pregam varia. Alguns pregam apenas uma ou duas sentenças por vez ou pregam versículo por versículo. Samuel Medley, um batista inglês do século XVIII, pregava frequentemente sermões sobre apenas uma palavra da Bíblia. D. Martyn Lloyd-Jones também pregou um sermão famoso sobre as palavras de Paulo em Efésios 2.4: "Mas Deus". Outros pregadores gostam de pregar sobre um parágrafo, uma história simples, um capítulo ou alguma outra passagem completa da Bíblia. Alguns pregadores vão mais longe, pregando às vezes um único sermão sobre vários capítulos, um livro inteiro, um testamento inteiro ou até mesmo toda a Bíblia!

---

[1] "Eu confesso que, frequentemente, fico sentado, hora após hora, esperando e orando por um assunto, e esta é a principal parte de meu labor." Charles Spurgeon, *Lecturesto-MyStudents* (New York: Sheldon and Co., 1836), 136, 146.

[2] Os sermões foram reimpressos em tempos modernos. Ver Joseph Caryl, *PracticalObservationsonJob*, 12 volumes (Spring Lake, MI: DustandAshesPublications, 2001).

Neste capítulo, queremos tentar responder algumas destas perguntas e argumentar que a melhor dieta de pregação para a sua igreja é uma dieta que considera livros inteiros da Bíblia – em ambos os testamentos e em todos os diferentes gêneros da Escritura. Outra vez, não estamos dizendo que esta é a única maneira de pensar quanto a um plano de pregação de longo prazo. Mas, em nossa experiência, este é um plano que tende a ensinar os cristãos a lerem a Bíblia, estudarem-na por si mesmos e entenderem melhor como ela se harmoniza.

Pregue Livros Inteiros

Nós dois temos baseado nossos ministérios de pregação na prática de pregar todo o texto de vários livros da Bíblia. Nenhum de nós dois faz isso com *todos* os livros da Bíblia; alguns deles não exigem o tipo de progressão que outros oferecem. Salmos, por exemplo, poderia certamente ser tratado desta maneira; ele tem uma estrutura definida; e a pregação progressiva de Salmos pode render ensinos preciosos aos ouvintes. Mas este livro bíblico é também constituído de 150 unidades discretas, cada um das quais pode ser pregada em seus próprios termos, sem perdermos muito do que o salmista estava tentando comunicar.

Isso não se aplica à maioria dos livros da Bíblia. A maioria dos livros da Escritura são organizadas de tal modo que um capítulo se fundamenta no anterior e lança as bases para o que vem no capítulo seguinte. Os livros narrativos – Gênesis, Êxodo, os Históricos, os Evangelhos – são *histórias*, em que eventos seguem um ao outro para criar um todo. De modo semelhante, os livros da Lei e as epístolas do Novo Testamento estão estritamente organizados, fluindo discursos de maneira lógica. Estão cheios de "porque" e "portanto" que apenas tem seu pleno significado quando são entendidos em relação ao que é dito ao seu redor. Os Profetas também constroem sua mensagem expandido uma peça por vez, de modo que seus livros se tornam mais poderosos quando entendidos em sua totalidade.

Muitos cristãos – e aqueles para os quais pregamos – tratam a Bíblia como uma coletânea de dizeres sábios, cuja ordem não é muito importante. É como se toda a Escritura fosse o livro de Provérbios ou os dizeres de Confúcio. No entanto, a maior parte da Bíblia não é isso, de modo algum. Deus inspirou cada um dos livros da Bíblia com certa lógica e ordem interna. Ele inspirou a narrativa, a argumentação e as formulações proféticas contra seu povo. Os livros têm clímax, e mudanças elegantes estão embutidas neles. Parte de nosso trabalho como pregadores é, portanto, ajudar nosso povo a ver a beleza da Escritura. Não estamos apenas procurando "pepitas de sabedoria" escondidas em minério de ferro. Queremos que nosso povo veja a majestade do todo, e pegar livros inteiros da Bíblia nos ajuda a abrir os olhos deles para a beleza da Escritura.

Ora, é possível abordar um texto aleatório em um livro bíblico – lei, profetas, evangelho ou epístola – e ser fiel ao contexto da passagem sobre a qual você está pregando. Mas poder extra é sentido quando você leva sua congregação desde o começo do livro e, depois, se veem no clímax do livro. Eu (Greg) preguei recentemente uma série em todo o livro de Juízes. Levamos onze semanas para considerá-lo e visitamos as áreas de desastre num capítulo após outro. Eu poderia ter considerado rapidamente o livro e pregado toda a história de Sansão, por exemplo, como um único sermão; e acho que teria preservado fielmente a história em seu contexto e pregado bem a seu respeito. Mas, quando nossa congregação chegou à história de Sansão, já tínhamos toda a força da narrativa atrás de nós — as trevas, a decadência e, francamente, a crueldade — para ajudar-nos a entender o que estava realmente acontecendo quando Deus levantou Sansão como juiz de Israel.

Citando outro exemplo, você poderia ir ao livro de Mateus e pregar sobre a história da tentação de Jesus no deserto; e poderia fazer um bom trabalho explicando à sua congregação o que aconteceu nessa história. Mas imagine se você chegasse a Mateus 4 contando com o fato de que as pessoas já tinham em mente todo o significado de Mateus 1 a 3. Os três primeiros capítulos lidam com genealogia, narrativa e profecia para mostrar que Jesus é o tão esperado Rei de Israel. E, finalmente, no capítulo 4, logo depois do batismo de Jesus, ele assume a obra de ser o Rei de Israel. Enfrenta Satanás e, agindo como o Capitão de Israel, refaz cada um dos fracassos paradigmáticos de Israel. Diferentemente de Israel, Jesus repele a tentação de Satanás para que ele exija conforto da parte de Deus ("Manda que estas pedras se transformem em pães" — v. 3). Ele rejeita a exigência de Satanás para que tente forçar a mão de Deus a cuidar dele ("Atira-te do templo" – v. 6); e recusa comprometer-se com o inimigo a fim de ganhar seu reino ("Adora-me" – v. 9). Você percebe? A narrativa de Mateus é construída passo a passo até ao ponto em que Jesus cinge sua armadura real e vai guerrear contra Satanás como o Capitão de Israel!

Outra boa razão para você pregar os livros da Bíblia em sua totalidade é que fazer isso o obriga a pregar sobre partes desagradáveis da Bíblia. Poucos de nós gostam do pensamento de pregar sobre os textos da Bíblia que tratam do divórcio. É um assunto melindroso, com múltiplas complexidades que tornam difícil os ouvintes céticos acompanharem, e, sinceramente, é mais fácil pregar em João 3.16 do que permanecer durante algumas semanas pregando sobre Mateus 19. Mas é um assunto que está na Escritura, e somos chamados a pregar todo o conselho de Deus para nosso povo. E neste caso a pregação de livros inteiros é muito proveitosa. Depois de Mateus 18, temos Mateus 19. Depois de 1 Coríntios 5, temos 1 Coríntios 6; e, se você estabeleceu um padrão de pregação que considera livros completos da Bíblia, não pode evitar esses capítulos.

Isso tem muitos efeitos em nossa pregação e em nossa vida espiritual. Por um lado, isso milita contra qualquer temor do homem que espreita em nosso coração. Uma das doenças mais sutis para um pregador da Palavra de Deus é um temor de dizer coisas árduas a partir do púlpito – uma palidezante o pensamento de pregar algo que possa ofender e uma tendência resultante de esquivar-nos de passagens desagradáveis da

Bíblia. Pregar livros inteiros da Bíblia age contra esse temor e essa tendência, porque nos força a pregar aquelas passagens desagradáveis quando aparecem. De fato, pode nos ajudar a superar o nosso pecaminoso temor do homem, porque não queremos encarar perguntas sobre nossa falta de coragem, se pularmos de Mateus 18 para Mateus 20.

Por outro lado, pregar livros inteiros da Bíblia também nos protege de sermos "acusados" de pregar passagens desagradáveis em tempos específicos. Se você está pulando em textos da Bíblia, pregando sobre passagens que acha sua congregação precisa ouvir, quando exatamente você decidirá pregar sobre o ensino de Jesus a respeito do divórcio? Na semana em que ouvir que um casamento está com problemas? Na semana depois que um dos membros de sua igreja, ou a filha dele, recorrer ao divórcio? Você percebe, o problema é, no que diz respeito àquelas passagens melindrosas, *nunca* há um domingo em que você possa pregá-las sem ter em sua congregação *pessoas* que estejam pensando que você resolveu pregá-las *naquele* domingo por causa *delas*. Se a sua prática é pregar livros inteiros da Bíblia, você pode diminuir consideravelmente esse perigo: "Irmã Susan, não, eu não preguei este sermão porque sua filha pediu divórcio na semana passada. Tenho pregado sobre Mateus por três meses, e aconteceu chegarmos a Mateus 19 hoje. Quem sabe você deveria lhe enviar este sermão? Seria bastante útil para ela."

Não somente isso, a pregação de livros completos força você, como pregador — e, portanto, sua igreja também — a lidar com passagens da Escritura com as quais não estão ainda familiarizados. Como resultado, você aprende coisas novas; cresce em seu conhecimento de Deus e de sua Palavra; e amadurece como cristão e como pastor. Se você costuma pregar passagens alternadas da Bíblia, talvez se concentrará em passagens nas quais tem meditado bastante, por muito tempo, e sobre as quais você sabe muito. Suponho que talvez você não escolherá 2 Reis 14.7, por exemplo, para pregar sobre a morte que Amazias infligiu aos dez mil edomitas no vale de Sal e sua mudança do nome de Sela para Jocteel. Quem faria isso? Mas Deus inspirou 2 Reis 14.7 por alguma razão, e a história da desobediência de Amazias a Deus é parte de todo o conselho de Deus que devemos pregar para nosso povo. Pregar nossas passagens favoritas ou textos com os quais estamos mais familiarizados significa que nosso crescimento como pregadores e até como cristãos será atrofiado. Há tesouros desconhecidos no texto com que nos deparamos quando pregamos livros inteiros.

Pregue Toda a Bíblia

Insinuamos isto no parágrafo anterior, mas, como pregadores, somos chamados a pregar toda a Bíblia para o nosso povo. Se pessoas vêm à igreja para ouvir nossa pregação por longo espaço de tempo, deveriam ouvir-nos pregar um boa parte de toda a Bíblia. Isso não significa que devo começar em Gênesis e terminar em Apocalipse. Muitos homens fizeram isso, e poderia ser uma ótima ideia, às vezes. Em nosso ministério, temos estabelecido a prática de pregar sistematicamente em vários gêneros de Escritura e alternar entre os dois testamentos quando fazemos isso.

A Bíblia não é toda a mesma coisa. Ela contém poesia, narrativa, argumentação firmemente estruturada, apocalipse, listas, números, lei, biografia, cartas, sabedoria, profecia e outros gêneros. É claro que ela é também constituída de dois testamentos, o Antigo e o Novo. Tudo isso, à sua própria maneira, é útil para o nosso povo. Nós dois (Mark e Greg) adotamos certo método para tentar assegurar-nos de que pregamos todas as diferentes partes da Bíblia durante certo período de tempo. Eis como o fazemos.

O Antigo Testamento pode ser dividido em cinco gêneros (ou categorias, se você preferir) diferentes: lei, histórias, sabedoria, profetas maiores e profetas menores. Igualmente, dividimos o Novo Testamento nas categorias de evangelhos, Atos, epístolas paulinas, epístolas gerais e Apocalipse. Com essas categorias em mente, tentamos fazer o equilíbrio entre elas e entre os testamentos. É assim:

Lei	Evangelhos e Atos
Histórias	Epístolas Paulinas
Sabedoria	Epístolas Gerais e Apocalipse
Profetas Maiores	
Profetas Menores	

Um plano de pregação para um ano poderia ser algo assim: eu escolho um livro da lei; depois, um evangelho;

depois, um livro de história do Antigo Testamento; depois, uma epístola paulina; depois, um livro de sabedoria; depois, uma epístola geral; depois, um profeta maior; depois, outro evangelho (ou talvez Atos); depois, um profeta menor; depois, outra epístola paulina; depois, um livro diferente da lei, e assim por diante. Se a sua série de pregações se estende por doze ou treze semanas, o programa que acabamos de delinear se estenderia por quase três anos. Se as suas séries de pregações são geralmente mais longas, você poderia considerar a execução do programa em cinco anos ou mais. Aqui, por exemplo, está uma lista dos sermões que eu (Mark) preguei na Capitol Hill Baptist Church nos primeiros quatro anos de meu ministério:

- Marcos em 13 sermões
- Esdras em 4 sermões
- 1 Tessalonicenses em 7 sermões
- Ezequiel em 4 sermões
- Visão panorâmica das Epístolas Gerais (1 sermão por livro) em 9 sermões
- Provérbios em 5 sermões
- Marcos 1.1-3:6 em 9 sermões
- Deuteronômio em 5 sermões
- 1 e 2 Timóteo em 6 sermões
- 1 e 2 Crônicas em 4 sermões
- 1 João em 5 sermões
- Joel em 4 sermões
- Marcos 3.7-6.6 em 6 sermões

- Cântico dos Cânticos em 2 sermões
- Visão panorâmica do Antigo e do Novo Testamento (1 sermão para cada testamento)
- 1 Timóteo em 3 sermões
- Tiago em 5 sermões
- Josué em 5 sermões
- João em 11 sermões
- Visão panorâmica dos Profetas Maiores (1 sermão por livro) em 4 sermões
- Tito em 6 sermões
- Visão panorâmica dos Livros de Sabedoria (1 sermão por livro) em 5 sermões.
- 1 Pedro em 13 sermões

O importante aqui não é a extensão da série, e sim que nossas congregações sejam expostas, durante razoável quantidade de tempo, a todo o mapa da Palavra de Deus, em vez de 250 sermões sobre o livro de Jó! Não, eles não estão assimilando cada palavra da Bíblia, mas estão nos ouvindo pregar narrativa, profecia, lei, evangelho, apocalipse, epístola, argumentação e genealogia. Estão nos ouvindo pregar tanto o Antigo quanto o Novo Testamento. Estão aprendendo como a Bíblia se harmoniza, e, no processo, esperamos que aprendam a apreciar e a entender melhor todos estes gêneros.

Portanto, quão extensas devem ser as suas séries de sermões? É difícil dizer algo com certeza, mas o benefício de usar um esquema como o que acabamos de descrever começa a desaparecer se você pregar cinco anos apenas em Deuteronômio. Por essa razão, preferimos fazer nossas séries numa duração de três a seis meses. Às vezes, nós as fazemos sobre livros inteiros (mesmo os mais longos) nesse período de tempo; outras vezes, consideramos apenas parte um livro. Quando eu (Greg) cheguei à Third Avenue Baptist Church, nas treze primeiras semanas preguei sobre o livro de Mateus, mas expusemos apenas os sete primeiros capítulos. Depois, no outono seguinte, retomei Mateus e preguei os capítulos 8 a 13 em outra série de 14 sermões. Entre uma e outra destas séries, preguei vários outros livros em séries de extensões diferentes. Eis o programa de meu ministério de pregação nos primeiros meses na Third Avenue Baptist Church:

- Mateus 1 a 7 em 13 semanas
- Todo o livro de Gênesis em 5 semanas
- Todo o livro de Tito em 3 semanas
- Todo o livro de Juízes em 9 semanas
- Todo o livro de Hebreus em 11 semanas
- Cinco salmos diferentes em 5 semanas
- Mateus 8 a 13 em 11 semanas
- Todo o livro de Tiago em 7 semanas (aqui eu quebrei o padrão AT/NT!)

Nesse ritmo, acho que precisarei de um ou dois anos de pregação para considerar todo o livro de Mateus. Acho bom pregar um livro em séries menores e, no interim, levar a igreja a examinar outros livros. Dessa maneira, a mente deles não fica indiferente e entediada, e a sua atenção é renovada quando vamos para um novo livro.

Pregue em Perspectiva Ampla e em Perspectiva Estrita

Você já assistiu ao vídeo *Powers of Ten* (Expoentes de Dez)? É um filme velho que começa com uma imagem de um casal deitado na grama, um perto do outro, e lhe diz que você está olhando para o casal a dez metros acima do solo. Em seguida, a câmera aumenta o foco para 100 metros, depois, para 1.000 metros, depois, para 10.000 metros, depois, para 100.000 metros, depois, para 1.000.000 de metros, e assim por diante. Por fim, a terra desaparece, e você se vê contemplando o sistema solar, depois, a Via Láctea, depois, milhares de galáxias. Depois, a câmera começa a inverter o foco em expoentes de dez. Por fim, o casal na grama volta à visão, mas a câmera continua invertendo o foco até que você esteja vendo um única célula na mão do homem, depois, uma molécula, depois, o átomo, depois, o elétron, e assim por diante. É um vídeo fascinante porque, dependendo da perspectiva, você vê e entende coisas diferentes.

Este mesmo princípio se aplica à Bíblia. Muitos pregadores têm a ideia de que a única perspectiva apropriada, ou estrutura de referência, para pregarem é um versículo de cada vez ou, talvez, no máximo, um parágrafo. Pregar nesse nível é muito bom. De fato, um parágrafo curto ou uma história completa é, provavelmente, o nível mais natural em que devemos pregar.

Por outro lado, há frequentemente muito benefício para uma congregação quando um pregador faz algo diferente e lhes dá uma estrutura de referência mais ampla ou mais estrita do que aquilo ao que estão acostumados. De fato, pensamos que é uma *boa* ideia variar nossa perspectiva no ministério de pregação, pregar algumas séries que usam parágrafos como textos, algumas séries que consideram versículos individuais, e algumas séries que consideram capítulos, vários capítulos ou mesmo livros inteiros.

Eu (Mark) tentei, em meus primeiros anos de ministério, estabelecer como prática de pregação o que chamo um "sermão panorâmico" de cada um dos 66 livros da Bíblia, bem como panoramas do Novo Testamento, do Antigo Testamento e de toda a Bíblia. Esses sermões panorâmicos têm sido alguns dos sermões mais úteis que tenho pregado para minha igreja, porque dão um vislumbre de livros inteiros da Bíblia e da mensagem que estes livros procuram comunicar.

É claro que pregar com base em pequenas unidades de texto tem vantagens, e nós dois tentamos fazer isso com regularidade. Quando você está lidando com apenas alguns versículos, pode extrair nuança e significado em um nível meticuloso. Cada palavra pode ser considerada e explicada; preposições, adjetivos e conectores se tornam fontes de significado. A desvantagem em relação a essa abordagem é que, com o tempo, sua congregação pode ter seus olhos tão fechados para esses textos individuais que perdem de vista de onde eles vieram e para onde estão indo.

De modo semelhante, pregar textos mais extensos ou livros inteiros tem vantagens e desvantagens. Quando você tem apenas entre 45 a 60 minutos para pregar todo o livro de Isaías, é necessário ignorar coisas. Você tem de abordar seções inteiras de texto servindo-se de uma sentença ou duas. Mas pensamos que as vantagens de uma abordagem como essa tornam-na digna de ser praticada às vezes. Quando você prega um livro em apenas um ou dois sermões, o que você está fazendo é deixando de lado os seus detalhes para considerar o pensamento geral de todo o livro. Pense em Isaías, por exemplo. A maioria das pessoas tende a pensar em Isaías como uma enorme tigela de macarronada de julgamentos invariáveis e algumas almôndegas messiânicas aqui e ali (Is 9, 11, 53). Mas, se você olhar o livro como um todo, verá que ele é realmente mais semelhante a uma espada do que a uma tigela de macarronada. Tem uma forma, uma importância, um ensino principal, um sentimento, os quais serão, todos, mais fáceis para sua igreja assimilar se você pregá-lo em perspectiva mais ampla, em vez de pregá-lo versículo por versículo durante vários anos.

Eu (Greg) preguei todo o livro de Isaías em três sermões, um dos quais foi sobre 38 capítulos de uma vez. Essa experiência me desafiou categoricamente e me fez desejar que não fosse tão rápido às vezes. Mas, por outro lado, pessoas ainda me dizem que lembram a forma, a importância e o sentimento de Isaías por causa daqueles sermões. Elas aprenderam a "manejá-lo" porque foram capazes de ver o todo a partir de uma perspectiva ampla.

Além disso, você não tem apenas uma maneira de pregar a Bíblia toda. Eu (Mark) planejei mover-me, no decorrer de meu ministério, de pregar com perspectiva mais ampla para pregar com perspectiva mais estrita. Por isso, preguei um sermão sobre toda a Bíblia, depois, sobre o Novo Testamento, depois, sobre o evangelho de Lucas, um capítulo de cada vez. Talvez em alguns anos, se o Senhor não voltar antes, retornarei a Lucas e o pregarei de novo, baseado num parágrafo ou dois de cada vez. Se isso acontecer, então será a quarta vez que terei pregado todo o livro de Lucas (se contar as vezes que o preguei "de forma geral", quando preguei sobre toda a Bíblia e sobre todo o Novo Testamento). Estou pregando-o todo em perspectivas variadas e aprendendo novas coisas cada vez que o faço.

Por outro lado, eu (Greg) não tenho esse plano tão estruturado. Agora mesmo, no primeiro ano de meu ministério, estou pregando alguns livros em perspectiva ampla e alguns, em perspectiva estrita. Isso ajuda minha congregação, eu acho, a não ficar frustrada com uma ou outra das abordagens. Aqueles que preferem a exposição versículo por versículo se mostram mais dispostos a aprender alegremente quando eu prego todo o livro de Gênesis em cinco sermões, se eles sabem que na próxima série retornarei a Mateus para fazer uma consideração mais detalhada. Com o passar do tempo, espero que meu povo esteja aprendendo a ver a Bíblia numa textura integral e de maneira tridimensional – como um Livro inteiro, cheio de livros completos, cheios de sentenças completas, nas quais *cada palavra* é importante.

Prepare de Antemão Seu Programa de Pregação

João Crisóstomo, famoso pregador do século III, disse à sua igreja em seu terceiro sermão sobre Lázaro e o homem rico: "Eu lhes digo frequentemente, vários dias antes, o assunto sobre o qual pregarei, a fim de que vocês peguem o livro nos dias intermediários, leiam toda a passagem, aprendam tanto do que é dito quanto do que é omitido e, assim, tornem seu entendimento mais preparado para aprender quando ouvirem o que direi posteriormente".

Achamos isso uma ótima ideia, e nós dois tentamos seguir essa prática em nossas próprias igrejas por publicarmos cartões que apresentam nosso programa de pregação – textos bíblicos e títulos – para os meses vindouros. Fazer isso oferece alguns benefícios. Primeiramente, como disse Crisóstomo, dá ao seu povo tempo para ler de antemão a passagem bíblica, deixar o Espírito Santo começar a operar no coração das pessoas com os temas do texto e preparar seus corações para ouvirem a Palavra de Deus pregada no domingo. Isso, por sua vez, pode criar um senso singular de empolgação na igreja. As pessoas vêm com seus próprios pensamentos, perguntas e discernimentos sobre o texto. E as suas palavras no sermão são capazes de interagir com e cristalizar os pensamentos que elas já têm. Publicar um programa de pregação dará ao seu povo outra ferramenta para conversarem com seus amigos e familiares não cristãos sobre as coisas espirituais. As pessoas pegam esses cartões, sublinham ou marcam um sermão específico que elas pensam seu amigo não cristão poderia se interessar em ouvir, e, depois, passam o cartão para esse amigo como um convite a que ele venha ouvir aquele sermão.

Às vezes, pessoas nos perguntam se planejarmos de antemão um programa de pregação não abafa o Espírito Santo. E se aparecer algo na vida da igreja que precisa ser abordado? E se vocês ficarem doentes? Se de repente acontecer algo no mundo que tornará as séries de sermões inapropriadas? Todas estas são boas perguntas. Mas não pensamos que planejar de antemão um programa de pregação abafe o Espírito Santo.

Não achamos que o Espírito Santo se mova apenas "no momento". É claro que ele faz isso às vezes, mas não age somente assim. O Espírito Santo também se move e dirige meses antes quando estamos planejando um programa de pregação. Nós dois nos temos admirado de como pessoas em nossas igrejas têm sido impactadas por um sermão ou uma série específica, de maneiras sensíveis e específicas. Isso não acontece porque *nós* planejamos que acontecesse. Pelo contrário, cremos que o Espírito Santo realizou tudo em sua providência. Examine, por exemplo, este cartão de pregação da Capitol Hill Baptist Church para o outono de 2001, que incluía 11 de setembro de 2001.

CARTÃO DE SERMÕES 9/11/01
SETEMBRO A DEZEMBRO DE 2001

QUANDO COISAS MÁ ACONTECEM
2 Estudos em Habacuque

9 de setembro	**Perguntas**
	Habacuque 1-2
	Pregador: Jamie Dunlop
16 de setembro	**Confiança**
	Habacuque 3
	Pregador convidado: Bert Daniel

A BUSCA...
8 Estudos em Salmos

23 de setembro	**por paz**
	Salmo 4
30 de setembro	**por justiça**
	Salmo 5
	Pregador: Greg Gilbert
7 de outubro	**por Segurança**
	Salmo 46
14 de outubro	**por Perdão**
	Salmo 130
	Pregador convidado: Timothy George
21 de outubro	**por Salvação**
	Salmo 2
	Pregador convidado: Bruce Ware
28 de outubro	**por Misericórdia**
	Salmo 78
4 de novembro	**por Santidade**
	Salmo 93
11 de novembro	**ver abaixo**
18 de novembro	**por Sabedoria**
	Salmo 111

NUS E NÃO ENVERGONHADOS:
UMA TEOLOGIA EVANGÉLICA DO SEXO
Um simpósio especial, por R. Albert Mohler Jr.

11 de novembro	**O Mistério do Casamento**
	Gênesis 2
	16:30 – Tecnologias Reprodutivas e Contracepção
	18:30 – A família e a Guerra Cultural
12 de novembro	
	19:30 – Homossexualidade: O Gênero É Importante?

O QUE O FUTURO CONTÉM
5 estudos em Apocalipse

25 de novembro	**O Homem que Viu o Futuro**
	Apocalipse 1.1-20; 22.6-24
2 de dezembro	**Um Trono**
	Apocalipse 4-5
9 de dezembro	**Um Cordeiro**
	Apocalipse 7;14.1-5
16 de dezembro	**Uma Tempestade**
	Apocalipse 8.1-5; 11.15-19
23 de dezembro	**Uma Cidade**
	Apocalipse 21.1-22.6

QUEM SUSTENTA O FUTURO
2 Estudos na profecia de Isaías

30 de dezembro	**O Deus Soberano**
	Isaías 6
	Pregador convidado: John Folmar
6 de janeiro	**O Deus de juízo e misericórdia**
	Isaías 7
	Pregador: Andy Johnson

Esse programa de pregação foi elaborado meses antes dos ataques terroristas em Nova Iorque e Washington. Nada foi ajustado, nada foi mudado em consequência dos ataques. Mas veja a provisão de Deus para esta igreja situada bem no âmago de uma das cidades que sofreram ataque: "A Busca por Justiça"; "A Busca por Segurança"; "Quando Coisas Más Acontecem: Perguntas e Confiança". O Espírito Santo estava planejando, meses antes, alimentar seu povo com a verdade de sua Palavra que impactaria diretamente sua vida e suas necessidades e, em específico, em consequência de – e mesmo em antecipação de – um acontecimento que chocaria o mundo.

Não somente isso, mas a aderência a um plano de pregação não tem de ser servil. Mark tende a se prender mais tenazmente a um plano de pregação do que eu (Greg). Se Mark fica doente ou qualquer outra coisa intervém, o cartão de pregação da igreja continua sendo o que ele é – embora isso signifique pular um sermão numa série. Eu, por outro lado, sou conhecido por remover todos os cartões de pregação de nossos bancos e imprimir outra série.

Ambos temos a mesma abordagem, mais ou menos, quanto aos feriados. Ambos tentamos planejar séries de pregação em que os sermões que serão próximos do Natal e da Páscoa não sejam totalmente estranhos – embora Mark tenha pregado, certa vez, no dia de Natal um sermão inteiro sobre a morte! Mas não insistimos em que o sermão de Natal seja baseado em Lucas 2 e o da Páscoa, em Mateus 28. Em relação ao Natal de 2011, estou agendado para pregar sobre Tiago 5.13-20, a oração do justos em favor dos doentes. Quanto à Páscoa de 2011, eu mudei algumas coisas para que pregasse sobre Hebreus 8 e não sobre Hebreus 6. Isso aconteceu porque estávamos na expectativa de ter um número incomum de pessoas que vão à igreja infrequentemente, e eu queria um texto que tivesse o evangelho como ponto principal.

Quer você acabe fazendo isto, quer se prenda estritamente a um plano, depois de havê-lo feito, o ponto importante é que fazer antecipadamente seu plano de pregação pode dar ao seu povo um bom instrumento tanto para o crescimento espiritual deles quanto para a evangelização.

Então, como você decide o que pregar? Bem, como dissemos antes, tudo deve ser feito para a edificação da igreja. Argumentamos que pregar livros inteiros, pregar com base tanto no Antigo quanto no Novo Testamento, pregar todos os gêneros de Escritura, pregar com perspectivas variadas e publicar de antemão o que você vai pregar é o melhor caminho para atingir esse alvo a longo prazo.

CAPÍTULO 6

PREPARAÇÃO DO SERMÃO

Um bom amigo nosso – um apreciador de café – disse certa vez que quando vai à Starbucks pede um "café latte triplo, de espuma rala, extra quente, com baixo teor de gordura e xarope de baunilha". Não é brincadeira, é o que ele pede! Aqueles que o conhecem não se surpreendem com isso! O que eu peço não é muito melhor. É um "chá Grande Tazo Chai, não adoçado, com um pouco de leite vaporizado no topo". O pedido de Mark é... "leite. O que você quer dizer com que tipo de leite? Apenas leite."

Deus o abençoe.

Dar conselhos a pregadores a respeito de como preparar sermões é um pouco parecido com dizer-lhes qual deve ser "o pedido deles" na cafeteria Starbucks. É profundamente pessoal! Em muitas maneiras, a preparação de sermões é assim, e cada pregador o faz de maneiras um tanto variadas. Por exemplo, aprendi com Mark Dever a maior parte do que sei quanto à pregação, mas você observará neste capítulo que não fazemos tudo exatamente da mesma maneira. Nem mesmo pensamos exatamente da mesma maneira sobre algumas partes da preparação do sermão. Isso é inevitável, de fato, e talvez seja uma coisa boa. Deus chama muitos tipos diferentes de homens para serem pregadores, e isso cria uma magnífica riqueza na vida de sua igreja ao redor do mundo.

Também esperamos que você compreenda que livros inteiros já foram escritos e seminários já foram ministrados sobre a mecânica de preparação de sermões. Muitos desses livros e desses seminários são tremendamente bons, mas temos certeza de que não há muito a fazermos num capítulo como este que se compare com tudo aquilo. Por isso, não tentaremos. Portanto, este capítulo não deve ser entendido como um guia abrangente à preparação de sermão. Nem um guia abrangente à exegese bíblica, ou à hermenêutica, ou à teologia bíblica.

Por outro lado, também estamos convencidos de que a preparação de sermão é um processo árduo que consome tempo e que muitos pregadores não se dedicam tão plenamente quanto deveriam a essa obra. Neste capítulo, queremos mostrar-lhe um pouco do que fazemos na preparação para a pregação e, talvez, até oferecer-lhe algumas ideias que tornarão seu tempo de preparação mais frutífero. Você notará que não fazemos tudo exatamente da mesma maneira, mas o que ambos almejamos – mais fundamentalmente – é entender o texto e, depois, explicá-lo e aplicá-lo à vida de nosso povo.

Entenda o Texto

Esse é o primeiro passo. Se você há de expor a Palavra de Deus para seu povo, tem de começar, naturalmente, com o entendimento do que o texto diz e o que significa. Se você errar nisso – se o significado do texto ficar obscuro em sua mente, ou se você estiver convencido de um entendimento *errado* do texto – seu sermão errará grandemente o alvo. Por essa razão, a parte mais importante da preparação do sermão é assegurar-se de que seu entendimento do texto bíblico seja profundo, sólido e tão exaustivo quanto possível.

Leia-o

Comece lendo-o. Nós dois lemos muitas vezes, na semana anterior, o texto sobre o qual pregaremos. Mark até usa o texto como parte de seu tempo devocional diário, lendo-o e meditando-o, acompanhado de outras leituras que ele faz. Isso não significa que você tem de ler o texto com a mesma intensidade com que o fará quando começar a realmente a preparar-se para o sermão. Talvez, de fato, você não *deveria* lê-lo com esse tipo de intensidade. Apenas leia-o de modo devocional, deixando que ele afete seu coração. Veja o que o Senhor faz com ele em sua própria vida. Isso poderia ser maravilhosamente proveitoso a você, enquanto se prepara para apresentar o texto à sua congregação.

Uma prática que nós dois achamos útil para entendermos o texto é lê-lo em várias traduções. Quer seja por ter um assistente lendo o texto para mim em uma tradução, enquanto eu (Mark) a vejo em outra tradução, quer apenas por lê-la eu mesmo (Greg), é proveitoso ver como outros cristãos traduziram o texto grego ou hebraico. Às vezes, é claro, eles erraram, e, por isso, você tem de ser cuidadoso antes de fazer de alguma tradução especialmente vibrante o ponto principal de seu ensino. Mas, no geral, isso é proveitoso! Às vezes, ideias são mais bem esclarecidas por uma tradução do que por outra. Às vezes, a simples repetição das mesmas ideias em palavras diferentes pode despertar em sua mente novos pensamentos e novos discernimentos. O importante, porém, é simplesmente gastar uma boa quantidade de tempo permitindo que sua mente rumine o texto, e lê-lo em traduções diferentes é uma boa maneira de fazer com que isso continue acontecendo!

Diagrame-o

Uma vez que você comece a preparar-se com dedicação, deve voltar toda a sua atenção para entender cada detalhe do texto. Isso não significa simplesmente o significado de cada palavra, cada preposição, do contexto arqueológico de cada nome de cidade. Talvez o mais importante seja entender o fluxo do texto. Por que esta sentença segue aquela? Por que Jesus começou a falar sobre *aquilo* logo depois de falar sobre *isto*? Como este parágrafo se combina com aquele? Aonde Paulo está indo com toda esta linha de pensamento?

Uma coisa que achamos bastante útil neste processo de entender o fluxo do texto é fazer um diagrama. Há diferentes métodos de fazer um diagrama, e nós dois o fazemos de maneira ligeiramente diferente. Alguns preferem fazê-lo nas línguas originais; outros, em inglês. Alguns gostam de marcar a parte da fala de cada palavra, outros não. Eu (Mark) geralmente digito o texto em um processador de texto. Eu não uso os recursos "copiar" e "colar". O ato de digitar é útil em ressaltar, para a minha mente, frases e relações entre frases que o olho pode não perceber, quando estou apenas lendo. Uma vez digitado, eu imprimo o documento e, depois, uso marcadores coloridos para destacar vários temas no texto. Assim, toda vez que eu vejo Pedro falando sobre perseverança, por exemplo, posso marcar o texto com verde. Ou, quando o vejo mencionando algo sobre expiação, eu o marco com vermelho. Esse sistema de codificação com cores, que muda em cada texto, me ajuda a ver o teor do texto. Posso ver, num relance, como o texto flui de uma ideia para outra, e isso pode me ajudar quando estou trabalhando na criação de um esboço.

O meu (Greg) processo de fazer diagrama é um pouco diferente. Não digito o texto num processador de textos; em vez disso, eu o copio com uma caneta num caderno de anotações. No processo, eu divido o texto frase por frase, usando linhas para mostrar como as várias frases se conectam umas com as outras. À medida que prossigo no diagrama, acho que posso ter uma imagem clara da "forma" do texto. Os escritos de Paulo, por exemplo, são constituídos muitas vezes de uma cláusula dependente após outra. Fazer um diagrama me ajuda a identificar a cláusula principal e, depois, ver mais claramente como todas as dependentes se relacionam a ela. Pode também me ajudar a ver coisas que não são óbvias quando estou apenas olhando para o texto na forma de parágrafo – quando duas cláusulas são paralelas entre si, por exemplo, ou quando parágrafos inteiros se prendem a uma única ideia de um parágrafo anterior. Já descobri muitas vezes, em minha pregação, que um texto assume forma quase imediatamente quando o coloco num diagrama, embora, ao ser lido pela primeira vez, tenha parecido difícil.

Use as línguas originais

E quanto às línguas originais? De novo, pregadores diferentes usam as línguas originais em graus diferentes. Alguns levam realmente as línguas originais para o púlpito e pregam *com base nelas*. Nenhum de nós faz isso. Usamos as línguas originais, porém o modo como fazemos isso varia de sermão para sermão. Nós dois, por exemplo, nos vemos usando mais o grego do que o hebraico. Por quê? Não sabemos com certeza. Talvez seja por que nós dois tendemos a pregar passagens mais longas do Antigo Testamento, e não do Novo Testamento. Portanto, é simplesmente mais árduo gastar tempo suficiente com uma passagem longa do hebraico do que com uma passagem curta do Novo Testamento, mas a nossa obra com os originais varia de texto para texto. Algumas semanas, eu (Greg) leio todo o meu texto no grego várias vezes. Outras semanas, eu me vejo recorrendo ao grego somente quando me deparo com alguma dificuldade inesperada e *preciso* examiná-la mais profundamente. Às vezes, isso esclarece muito bem alguns problemas; outras vezes, falando com franqueza, apenas transfere o problema para o grego!

Em última análise, raramente se passa uma semana sem que nos vejamos envolvidos nas línguas originais por, pelo menos, parte de preparação do sermão. O fato é que as traduções bíblicas modernas são, na maioria, muito boas, sendo raro achá-las todas erradas, ao mesmo tempo, sobre algo que *eu* serei capaz de descobrir, por mim mesmo, a partir da língua original. Apesar disso, há algo maravilhosamente esclarecedor e gerador de discernimento em olhar para um texto familiar de uma maneira totalmente não familiar. Um dos maiores inimigos do pregador é a familiaridade: ele acha que entende um texto específico porque tem conhecido o seu significado durante toda a sua vida, e por causa disso acaba ignorando o ponto principal do texto quando o prega. Examinar um texto nas línguas originais ajuda a minimizar esse tipo de erro.

Tanto o grego quanto o hebraico, por exemplo, tendem a colocar na frente suas ideias mais importantes. Por isso, as frases que aparecem no final das sentenças em nossas versões aparecerão em primeiro, muitas vezes, numa sentença gregas ou numa sentença hebraica. Isso é útil se você memoriza um texto de certa maneira. Quando você o lê no original, ele atinge sua mente num ângulo diferente e proveitoso. Não somente isso, há alguns textos que são o assunto de controvérsia rancorosa, e muitas vezes a controvérsia gira em torno de algum ponto de sintaxe ou de definição hebraica ou grega. Você pode certamente seguir os argumentos sem saber ou sem envolver-se com qualquer estudo das línguas originais, mas a única maneira de chegar ao âmago do argumento, formular sua própria opinião e, depois, apresentar sua conclusão à sua congregação é ter alguma habilidade com grego e hebraico. Você não tem de saber fluentemente as línguas. Eu (Greg) tenho o que chamo de conhecimento "BibleWork" tanto do grego quanto do hebraico – suficiente para eu usar o software BibleWorks! Mas, enquanto permaneço humilde quanto ao que sei e ao que não sei do grego – e enquanto lembro que há um ponto em que você não sabe nada do grego – ter esse conhecimento é proveitoso para mim como pregador. Ele dá ao meu entendimento dos textos e, por conseguinte, à minha pregação (eu espero) uma profundeza e uma textura que, de outro modo, eles não teriam.

Use comentários... em última instância

Muitos pregadores, estamos convencidos, recorrem muito rapidamente a comentários sobre um texto. Às vezes, antes mesmo de abrirem a passagem e lerem-na, eles examinam comentários para descobrir o que deveriam ver no texto quando o lessem. Pensamos que isso é retrocesso. Parte da razão por que sua congregação o chamou a pregar para eles é que reconheceram em você uma capacidade de ler e entender *a Bíblia* e não apenas as opiniões de outras pessoas sobre a Bíblia.

Queremos, portanto, encorajar pregadores a gastarem grande quantidade de tempo examinando um texto bíblico por si mesmos, tentando discernir a estrutura e a ideia principal. Por meio de ler o texto repetidas vezes, diagramá-lo, codificá-lo em cores e meditar nele, você será capaz de entender seus principais contornos e chegar a uma boa ideia de como quer ensiná-lo e aplicá-lo à sua igreja.

Então, quando você deve se voltar aos comentários? Essencialmente, temos descoberto que há duas boas ocasiões para usar comentários. A primeira é quando você se depara com um problema que não consegue solucionar. Você tentou olhar a expressão em outras partes da Bíblia, considerá-la em sua mente para ver se novas ideias vêm à luz, reconsiderar seu diagrama do texto para ver se ele assume outra forma; mas ainda não faz sentido. Esse é um bom tempo para recorrer a comentários a fim de obter auxílio, e muitas vezes você achará neles um discernimento que ajuda a solucionar o problema. Outras vezes, apenas confirmará que os demais estão tão confusos quanto você no que diz respeito ao problema específico, o que, por si mesmo, é proveitoso!

A segunda ocasião em que os comentários são úteis é quando você chega a um ponto em que pensa ter uma boa compreensão do significado do texto e está pronto a avançar para o esboço do sermão. Nesta altura, tanto Mark quanto eu achamos que é uma boa ideia ler um comentário ou dois apenas para assegurar-nos de que não ignoramos nada. Assim, por exemplo, no Antigo Testamento há uma alusão que você não observou ou uma conexão lógica entre sentenças que você não percebeu? Há alguma importante informação de contexto cultural da qual você não tinha ciência ou há algo que você entendeu errado? Um bom comentário sobre um texto pode ajudá-lo a discernir tudo isso, antes de avançar para o desenvolvimento do esboço do sermão.

Prossiga para o Esboço

Antes de você começar a pensar na aplicação, talvez queira seguir para a elaboração de um esboço do sermão. Isso lhe dará algo em que apoiar a sua aplicação e também o ajudará a focalizar-se na aplicação dos pontos principais do texto.

O esboço é uma parte altamente importante do sermão. É o que dá à sua congregação "suportes" em que podem se fixar, enquanto você prega; também os ajuda a acompanhá-lo à medida que você fala. Sem um esboço claro e sólido, um sermão pode facilmente se tornar numa massa de palavras indistinguíveis e suaves. E seus ouvintes, não tendo em que se fixar, deixarão de prestar atenção até que você acabe. Não somente isso, mas um bom esboço pode servir para focalizar um sermão como um laser. Cada ponto fortalece e reforça o anterior, até que todo o sermão chegue a incutir, poderosamente, um ou dois pontos. Se você fez um bom esboço, sua congregação deve ser capaz de anotar apenas os pontos principais e ir embora com uma ideia realmente boa do que tratava o seu sermão.

O esboço exegético

Nós dois elaboramos um esboço de pregação por meio de um esboço exegético. Em outras palavras, o primeiro passo no processo de fazer o esboço é anotar em papel, na linguagem mais clara possível, as principais ideias de nosso texto na ordem em que aparecem. Isso não tem de ser complicado. Às vezes, são apenas algumas poucas sentenças que fazem um resumo do que está acontecendo no texto. Eis, por exemplo, o esboço exegético que eu (Greg) usei recentemente em preparar um sermão sobre Mateus 12.1-21:

JESUS, O SENHOR DO SÁBADO
- O desafio dos fariseus – justiça própria. Era a lei deles, não a lei de Deus.
- A resposta de Jesus – vocês não entendem a lei. A necessidade humana substitui a lei ritual. Não uma analogia absoluta com a própria situação de Jesus; apenas uma advertência de que a abordagem deles, de que a lei é suprema, não faz sentido.
- A resposta de Jesus – autoridade superior substitui a lei ritual. O templo era maior do que o sábado. Alguém maior do que o templo estava ali.

O HOMEM DA MÃO RESSEQUIDA
- Prova de que Jesus é Senhor do sábado, como Mateus 9 é prova de que ele pode perdoar pecados.
- O desafio dos fariseus – dureza de coração. De fato, usando a compaixão de Jesus contra ele. Astutos. Corações corruptos; nenhuma compaixão para com aquele homem. Ele era um instrumento para eles.
- A resposta de Jesus – de novo, vocês sabem que isso não é o mais importante na lei. Vocês fazem o bem por uma ovelha, quanto mais devem fazê-lo por um homem!
- A resposta de Jesus – cura o homem. Como Mateus 9. A ênfase é a identidade e a autoridade de Jesus.

CUMPRIMENTO DA PASSAGEM DE ISAÍAS
- Dois pontos – outra afirmação em favor de Jesus e contrastando-o com os fariseus.
- Humilde
- Gentil
- Vitorioso

Você pode perceber que, em relação à quantidade de palavras, não há muitas – talvez até embaraçosamente poucas! No entanto, há uma grande carga de estudo por trás destas poucas frases, e esse esboço não diz tudo que acabei pregando num sermão de quase uma hora. Mas o alvo desse exercício não era colocar todos os detalhes no papel. Era apenas dar-me um bom vislumbre do principal pensamento exegético da passagem. Seus esboços exegéticos podem ser mais detalhados do que esse; podem ser menos detalhados. Lembre apenas que seu alvo num esboço exegético não é necessariamente incluir tudo. É captar a forma, o ensino principal e o pensamento essencial do texto que você pregará, para que prossiga em direção a um esboço de pregação.

O esboço de pregação

Depois que tiver feito um esboço exegético, pode avançar para o esboço de pregação – os pontos reais que você desenvolverá para a sua congregação quando pregar o sermão. Às vezes, você seguirá a progressão de seu esboço exegético quase exatamente. Às vezes, você se desviará dele, por uma razão ou outra. De qualquer maneira, agora você esta se movendo de uma afirmação simples do que o texto diz e significa para "afirmações mais objetivas" do texto para atingir o coração e a mente de sua congregação.

Uma prática que eu (Greg) e minha congregação temos achado especialmente proveitosa é a elaboração de uma sentença ou duas que servirão como a ideia principal para o sermão. Evidentemente, porque tenciono pregar expositivamente, essa ideia principal de meu sermão deve também ser o que penso ser a ideia principal do texto. Às vezes, é uma afirmação, outras vezes, uma pergunta. Mas o propósito é realmente duplo. Por um lado, isso me ajuda na preparação por focalizar meus pensamentos e levar-me a assegurar-me de que não estou colocando qualquer coisa desnecessária no sermão. Isso também dá à minha congregação uma sentença que os fará lembrar a principal coisa que consideramos juntos. De maneira semelhante, Mark frequentemente concluirá sua oração pastoral, que ele faz antes do sermão, por orar em relação aos pontos do sermão (embora ele não diga à congregação o que está fazendo). Isso, também, serve para orientar a mente das pessoas para o que será pregado da Palavra de Deus.

Idealmente, uma ideia principal deve ter uma força retórica atrelada a si, não deve ser algo insípido e relativamente monótono. Por exemplo, em vez de dizer algo como: "Jesus diz que a vida espiritual vem por meio dele e não por meio da lei ritual dos judeus", eu apresentarei minha ideia pricipal à congregação nestes termos: "A religião matará a sua vida espiritual. Se você quer vida espiritual, pode tê-la por meio de Jesus, não de religião – e essas duas coisas *não* são equivalentes!" Melhor, não acha? Eis uma lista de algumas das ideias principais que usei em minhas séries de sermões mais recentes no evangelho de Mateus:

- Mateus 8.1-22 – Este homem Jesus é digno de sua confiança. A autoridade dele é do tipo que merece sua fé, seu compromisso e sua própria vida.

- Mateus 8.23-9.8 – Você quer estar do lado deste homem. Toda vez e contra todo inimigo, ele vence.
- Mateus 9.9-38 – Sua religião, qualquer que seja, não tem esperança. Se você quer conhecer a Deus, ser íntimo de Deus, ser amado por Deus e estar em paz com Deus, sua única esperança é Jesus, o Messias.
- Mateus 10.1-5 – A evangelização é a resposta natural do coração de uma pessoa que conhece seu Rei.
- Mateus 10.16-33 – O mundo odeia a Jesus e odiará você também, se você pertence a Jesus.
- Mateus 10.34-42 – Ser um cristão é valorizar a Jesus Cristo acima de tudo, embora isso signifique perder tudo.
- Mateus 11 – Quem você pensa que Jesus é?

Algumas dessas frases são melhores do que outras, mas cumprem o alvo de afirmar o texto de uma maneira provocativa, cativando a atenção da congregação e lhes dando algo que os ajudará a lembrar do ponto principal do sermão e, portanto (se preguei bem), do texto.

Quer você use uma ideia principal, quer não, o passo seguinte é decidir sobre os pontos que usará no próprio sermão. Às vezes, esses pontos se harmonizarão perfeitamente com seu esboço exegético; às vezes, não. Às vezes, a melhor maneira de apresentar um texto à sua congregação será por meio da progressão lógica do texto. Outras vezes, o autor do texto bíblico tece vários pontos e temas juntos, apresentando-os repetidas vezes. A melhor maneira de pregar esse tipo de texto é fazer seu esboço de pregação mais temático. De qualquer maneira, há poucas coisas que contribuirão para fazer que seus esboços sejam mais cativantes de atenção e mais recordáveis para sua congregação.

Eu (Greg) tive uma aula de pregação no seminário em que o professor disse que devemos sempre procurar tornar "aplicáveis" os pontos de nosso sermão. O que ele queria dizer era que os pontos de nossos sermões devem ser na forma de imperativos, porque isso engajará mais a mente de nossos ouvintes e os ajudará a compreender a relevância, para a sua vida, do que estamos dizendo. Isso talvez seja um bom conselho. Há muitas ocasiões em que acabo pensando que imperativos não comunicam realmente o texto da melhor maneira possível, sendo melhor usar indicativos fortes. O princípio que está por trás do que meu professor disse é certamente correto: ainda que você não use imperativos todas as vezes, deve se esforçar para fazer os pontos de seu sermão mais cativantes em si mesmos. Imagine um sermão sobre Mateus 3.1-4.11, por exemplo. Você poderia certamente intitular os pontos de seu sermão desta maneira:

1. João Batista
2. O batismo de Jesus
3. A tentação de Jesus

E isso seria exato. Mas você poderia também dar um passo além e intitulá-los assim:

1. O que Deus exige
2. Quem é Jesus
3. O que Jesus vence

É o mesmo texto que está sendo considerado, mas esses pontos são mais interessantes e mais cativantes. Também indicam ao seu ouvinte o ponto principal de cada uma das histórias, em vez de apenas identificá-las, levando também o seu ouvinte a pensar um pouco. "O quê? O que Deus exige? Quem é Jesus? E o que ele vence? Conte-me!" Seu alvo deve ser cativar a atenção desde o momento em que afirma os pontos. Crie interesse, faça perguntas, aumente a tensão. Faça as pessoas ficarem atentas em seus bancos, antecipando como você resolverá tudo isto.

É claro que você tem de ser cuidadoso com o esboço. Você quer que ele seja cativante, mas, no processo de conseguir isso, não quer perder de vista o significado do texto. Às vezes, uma determinação inflexível para trabalhar brilhantemente numa exibição habilidosa de aliteração o afastará do documento divino mais do que declarará sua intenção. Sofisticação, estilo e simetria são ótimos numa série de assuntos de sermão, mas o problema é que, às vezes, seu desejo de achar uma palavra que comece com "P" obscurecerá seu desejo de achar uma palavra que comunica o significado do texto. O mesmo é verdade em relação a paralelismo nos pontos do sermão. Às vezes, dá certo. Acho que a progressão "o que, quem, o que" é muito boa no exemplo mencionado antes. Mas, às vezes, não dá certo de maneira alguma. Você não pode fazê-lo harmonizar-se. Quando isso acontece, é melhor seguir o que o texto diz e significa do que forçar o texto a se encaixar num esboço que parece bom, mas está um pouco aquém do seu significado real.

Chegar ao ponto de ter um esboço de pregação é sempre um ótimo pensamento. Depois de você ter feito a obra de exegese, depois de ter entendido o texto e solucionado problemas e depois de ter condensado tudo num esboço que pode ser pregado, uma enorme parte da obra de preparar o sermão está feita. Agora, você precisa se mover para o enorme passo seguinte – a aplicação.

Medite na Aplicação

A primeira coisa que devemos dizer sobre a aplicação é que você não pode fazê-la até que tenha entendido o texto acuradamente. Se o fizer, seu sermão deixará as pessoas coçando a cabeça porque a aplicação não fará sentido.

Algum tempo atrás, eu (Greg) estava dirigindo rumo a Chicago e, no caminho, ouvi rapidamente um sermão de um pregador de rádio. Ele estava pregando sobre a bênção de Isaque sobre Jacó e Esaú, em Gênesis, e o ponto que ele estava tentando extrair do texto – com grande paixão – era que os pais devem ser efusivos em suas afeições e apreciações para com os filhos. Um dos pontos do pregador era que os pais devem falar palavras amáveis aos filhos, como Isaque fez com os seus rapazes. Outro ponto era que é importante os pais tocarem fisicamente os filhos, com frequência, talvez em especial quando estão falando palavras amáveis aos filhos.

Ora, tudo isso pode ser verdadeiro. Eu tento fazer ambas as coisas para todos os meus filhos. Mas sejamos francos – esse *não* é o ensino principal que Gênesis está tentando comunicar. A bênção de Isaque tem mais a ver com as promessas de Deus feitas a Israel e à linhagem eleita da qual viria o Messias do que com quaisquer princípios de paternidade. E, com certeza, houve uma coisa no texto que distraiu a atenção desse pregador específico, uma coisa que ele não conseguiu encaixar bem no seu entendimento do texto. Foi o fato de que Isaque esperou *muito tempo* para falar dessa maneira a seus filhos. Ele deveria ter feito isso antes, disse o pregador, quando eles ainda eram crianças. Bem, talvez. E talvez essa atitude estranha devesse ter alertado o pregador quanto à possibilidade de que princípios de paternidade não seriam realmente a principal questão na passagem.

Espero que você compreenda meu argumento. Tentar aplicar um texto que você não entendeu bem é como pregar um prego obliquamente. Pode colocar toda força que quiser, mas nunca conseguirá fixá-lo retamente. Você deixará as pessoas se perguntando de onde veio aquilo.

Uma vez que você tenha o significado do texto definido, é tempo de seguir para a aplicação. É tempo de meditar em por que este texto é importante para a sua congregação, como desafia o pensamento e o comportamento deles, como destrói falsos deuses aos quais estão se apegando, como fixa os olhos deles em Jesus e os ensina a confiar nele quanto aos menores detalhes da vida, como revela e denuncia pecado e incredulidade na vida deles. Se pregarmos realmente visando aos efeitos que consideramos antes, então a aplicação é uma parte crucial de nossa pregação. É nossa tarefa como proclamadores da Palavra de Deus não somente dizer às pessoas de nossa igreja qual é a verdade, mas também dizer-lhes por que a verdade é importante para eles e o que a verdade exige deles. Você, como pregador, não apenas informa. Você "corrige, repreende, exorta com toda a longanimidade e doutrina" (2 Tm 4.2). Em resumo, você aplica.

Cada um de nós tem diferentes maneiras de meditar em como um texto se aplica às nossas igrejas. Eu (Mark) uso um recurso chamado "Quadro de Aplicação". Depois de estabelecido o esboço do sermão, eu crio um quadro com os pontos no lado e várias categorias no topo. Essas categorias fazem várias perguntas:

- Como o ensino neste ponto se encaixa na progressão da história de salvação na Bíblia?
- O que este texto diz aos não cristãos?
- O que ele diz à sociedade em geral e aos formuladores de políticas?
- O que ele diz sobre Jesus?
- Como ele se aplica ao cristão individual?
- O texto diz alguma coisa específica sobre questões de trabalho ou família?
- O que ele diz à minha própria igreja local?

Depois, eu gasto boa quantidade de tempo pensando, orando e preenchendo o quadro. Nem todo ponto de aplicação que considero será introduzido no sermão, porém muitos deles serão. E este quadro de aplicação me ajuda a não cair na rotina de pregar apenas para o cristão individual, em que, segundo minha experiência de ouvir pregação, muitos pregadores tendem a cair. O quadro de aplicação me força a pensar sobre como meu texto se aplica a outros grupos de pessoas, bem como à minha própria igreja local.

Também tenho percebido que conversar sobre a aplicação com algumas pessoas de minha igreja é proveitoso para estimular o pensamento. Nos últimos quinze anos, estabeleci a prática de chamar alguns poucos membros de minha igreja para almoçar comigo no sábado e de conversar com eles sobre o quadro de aplicação. São momentos preciosos de comunhão, imensamente produtivos. Mais vezes do que posso contar, os homens com os quais almoço me fazem perguntas que eu não havia considerado, formulam um ponto que eu havia ignorado ou têm um discernimento pastoral que não me ocorrera. Depois, após já ter escrito o sermão, eu o leio para alguns poucos amigos em meu escritório no sábado à noite, e frequentemente ali há mulheres que me dão alguns dos melhores comentários que recebo.

O meu (Greg) processo de pensar sobre a aplicação é diferente. Não uso um Quadro de Aplicação, pelo menos não um que esteja no papel. Minha maneira de pensar sobre a aplicação é fazer uma longa "caminhada de sermão". Na maioria dos sábados à tarde, eu saio para uma caminhada de duas ou três horas pela vizinhança, se o clima está bom, ou, em caso contrário, no shopping center. Pego meu iPhone, com uma Bíblia nele, um caderno de anotações em que escrevi o esboço e uma caneta. Caminho, penso e oro. Tenho sempre esperado que alguém me pare e pergunte gentilmente: "O que você está fazendo, jovem? Preparando um sermão? Fale-me sobre ele". Isso nunca aconteceu, mas uma vez houve um homem que saiu correndo de sua casa e gritando para mim, querendo saber por que eu escrevera o número da placa de seu carro. Tentei explicar, mas ele pareceu mais aliviado e levemente envergonhado do que interessado.

Nessa caminhada do sermão, medito no texto sobre o qual pregarei e faço perguntas semelhantes às mencionadas antes em relação ao quadro de aplicação. Qual é o principal ensino deste texto? Por que ele é importante para minha igreja? O que impede as pessoas de pensarem desta maneira? Quais são os obstáculos para fazermos isto ou para vivermos desta maneira? Por que este texto, doutrina ou verdade é importante *para Robert*? Este é um fato importante: quase sempre procuro pensar em indivíduos específicos de minha igreja e penso em por que o texto deve ser importante para essas pessoas em particular. Essa prática me ajuda a lembrar que não estou pregando para a Internet, e sim para uma congregação específica. Também me ajuda, eu creio, a fazer aplicações que são pessoais e mais incisivas. Em minha caminhada de duas ou três horas, talvez eu pregue o sermão para mim mesmo de muitas maneiras diferentes. Procurando minúcias, vasculho minha mente e coração, para tentar descobrir motivações, temores e pecados que são confrontados pelo meu texto bíblico. E, ao mesmo tempo, faço anotações em meu caderno. Quando a caminhada acaba, tenho uma boa ideia sobre aonde quero chegar com o sermão e estou pronto para colocá-lo no papel.

Um último ponto sobre aplicação: nós o encorajamos a trabalhar em direção a ter diferentes níveis de aplicação em seus sermões. Algumas aplicações serão longas e elaboradas porque serão relacionadas ao principal pensamento do texto e estarão entre um, dois ou três dos pontos principais que você espera comunicar no sermão. Outras vezes, suas aplicações serão mais curtas, exortações de uma ou duas sentenças que você dirige ao coração dos ouvintes. Talvez seja porque essas aplicações procedem de um ponto relativamente secundário no texto; ou talvez porque você tem outras aplicações a fazer. De qualquer maneira, não tenha medo de aplicações. Às vezes, os pontos mais comentados em nossos sermões são aqueles de aplicações formadas de uma única sentença.

Pregue o Evangelho

Uma coisa essencial que você deve ter em mente durante toda a sua preparação – desde o entendimento à elaboração do esboço, à meditação e à aplicação – é que sua tarefa como pregador é, principal e fundamentalmente, pregar a Palavra de Deus. "Sim, sim, isso é o que você tem dito em todo este livro!" Verdade, mas estamos argumentando algo mais específico aqui: é que uma de suas convicções como cristão é que todo o texto da Bíblia aponta final e crucialmente para Jesus e seu evangelho. Como Jesus nos disse repetidas vezes, cada texto do Antigo Testamento aponta para ele, e cada texto do Novo Testamento nos mostra Cristo, olhando para trás ou para frente. Jesus é o começo, o meio e o fim de todo texto na Bíblia.

Por causa disso, seus sermões nunca devem ser 45 minutos de lições de moralidade ou de melhores atitudes para um viver feliz. Devem avançar para as boas novas de que o

Rei Jesus salva pecadores por meio de sua vida, morte e ressurreição dentre os mortos. De fato, pensamos que em cada sermão que você prega, deve incluir, em algum ponto, uma apresentação clara e concisa do evangelho. Diga às pessoas como elas podem ser salvas! Eu não quero jamais que alguém venha à minha igreja, por um período de tempo ou mesmo um único culto, e diga que não ouviu o evangelho de Jesus Cristo. Irmãos, não somos rabinos judaicos. Não somos chamados a pregar sermões que apenas dizem às pessoas como viver corretamente ou melhor. Ensinar às pessoas como viver corretamente faz parte da pregação de todo o conselho de Deus? Sim, dependendo do texto! Mas isso é tudo que constitui o conselho de Deus? Absolutamente, não! De uma maneira ou de outra, cada texto na Bíblia aponta para Jesus, e você deve seguir para onde ele aponta.

Isso não significa que você deve encaixar o evangelho apenas no final de seus sermões. Todos já vimos isso – um sermão de casamento não diz nada sobre Jesus até os últimos dois minutos do sermão, e, depois, o evangelho é como que anexado no final do sermão. Isso não é o que estamos dizendo. O que estamos dizendo é que o evangelho deve fluir natural e vigorosamente dos temas e histórias que constituem o texto que você está pregando. É muito importante que você deixe cada texto falar por si mesmo; se você está pregando com base no Antigo Testamento, apresente cada texto com sua própria voz e deixe-o falar à congregação com toda a sua força original. Mas você também quer deixar os textos falarem com *toda* a sua voz, e isso inclui deixar que eles digam o que querem dizer sobre Jesus! Em outras palavras, você não deve apenas pregar cada texto em seu contexto imediato; deve também pregá-lo em seu contexto com referência a toda a Bíblia.

Mas como você faz isso sem que o texto pareça constrangido ou forçado? Fui ajudado em minha pregação por saber que há dois caminhos diferentes para o evangelho em cada texto na Bíblia, caminhos que devemos ter em perspectiva para cada sermão que preparamos. Um é o caminho da teologia bíblica, e o outro é o caminho da teologia sistemática. Permita-me dar um exemplo a partir de um texto muito incomum: eu (Greg) preguei recentemente uma série sobre o livro de Juízes, um dos mais tristes e menos esperançosos livros do Antigo Testamento e, talvez, no que diz respeito às histórias, mais distante do evangelho de salvação do que qualquer outro livro. Quero dizer, por exemplo, como você chega a Jesus num sermão sobre Eúde? Quando o texto sobre o qual você está pregando trata de um homem furtivo, traiçoeiro e canhoto que mata um rei gordo e foge, porque os guardas são detidos pelo cheiro, como exatamente você se move desse conteúdo para as glórias de Jesus? Ou como você faz isso a partir da história do levita e sua concubina ou da guerra civil em Israel? Às vezes, não é óbvio, mas pode e deve ser feito. E pode ser feito por seguir os caminhos de teologia bíblica e de teologia sistemática.

A teologia bíblica tem a ver com toda a grande linha histórica da Bíblia. Desde Gênesis a Apocalipse, a Bíblia conta uma história, e, a partir de determinado texto, você pode sempre entrar na correnteza da narrativa e ser levado rapidamente em direção à cruz. Até em Juízes você pode chegar facilmente a Jesus por ver como o livro se enquadra em toda a história. Afinal de contas, o ponto principal de Juízes é o refrão "naqueles dias, não havia rei em Israel" (Jz 17.6; 18.1; 19.1, por exemplo). O livro é uma apologética em favor do reino piedoso, o reino arraigado na tribo de Judá. Siga o desdobramento dessa linha histórica e você se verá rapidamente no rei Davi e, por fim, no rei Jesus, "o Leão da tribo de Judá, a Raiz de Davi" (Ap 5.5).

É claro que você não pode fazer disso o ponto principal em cada sermão da série. Ainda que mencione a linha histórica em cada sermão para assegurar-se de que seu povo a entenda, às vezes você precisa de outro caminho para o evangelho. É aqui que entra a teologia sistemática. Em toda a Bíblia, há certos temas que são fáceis de achar. Pecado, graça, sacrifício e salvação (citando apenas alguns) fundamentam cada história na Bíblia. E todos esses temas acham sua maior expressão na morte e ressurreição de Jesus. Portanto, quando você estiver pregando com base no Antigo Testamento, ache um ou mais desses temas e, depois, se volte fortemente para a cruz. Em Juízes, a graça, o amor, a ira de Deus e o livramento de seu povo pecaminoso são grandes temas teológicos. E qualquer um deles é uma maneira importante de levar a mente dos ouvintes a Jesus e à sua obra de salvação por seu povo.

É fácil pregar a Bíblia, especialmente o Antigo Testamento, como se fosse um livro de fábulas – uma série de histórias que faz pouco mais do que instruir moralmente. Mas, se cremos em Jesus, sabemos que as histórias da Bíblia fazem muito mais do que isso; elas nos levam a Jesus. Portanto, quer façamos isso por seguirmos a linha histórica, quer por destacarmos os temas, nosso trabalho consiste em mostrar às nossas congregações como ver a Jesus até mesmo com base na história de Eúde.

Escreva o Sermão

Uma vez que você tenha uma boa compreensão do texto, as implicações que fluem do texto e a maneira como ele aponta para o evangelho de Jesus, tudo que resta é escrever o sermão. Essa é sempre a parte mais difícil para nós dois, mas é também o crisol em que a linguagem toma forma. Mark Twain disse certa vez que "a diferença entre a palavra quase certa e a palavra certa é realmente uma grande questão – é a diferença entre lume e vagalume". Ele estava certo, e a escrita do sermão é a atividade em que fazemos o trabalho árduo de *achar as palavras certas*.

O nosso idioma é um instrumento notável para comunicação. Há tantas palavras, cada um com suas nuanças de significado que podem mudar todo o teor de uma sentença ou mesmo fazê-la impactar o coração de uma maneira totalmente inesperada. Há, por exemplo, alguma diferença entre advertir sua congregação de que podem *apostatar* da fé e adverti-los de que estão em perigo de *desviar-se* da fé? Talvez não haja muita diferença, mas a segunda advertência possui uma conotação de negligência que resulta em perda lenta, quase imperceptível. Não é repentina, e, se você não tiver cuidado, pode se desviar antes mesmo de perceber que isso esteja acontecendo.

Seja cuidadoso quanto às palavras que usa. Trabalhe nelas. Descubra exatamente o que você quer dizer e diga-o de maneira precisa. É difícil fazer isso de improviso, quando você já está no púlpito. É melhor colocá-lo de antemão no papel, quando você pode experimentar uma palavra ou uma maneira de expressar uma ideia, rejeitá-la e, depois, tentar outra. Sua pregação se beneficiará dessa disciplina, bem como sua congregação.

CAPÍTULO 7

A ESTRUTURA DO SERMÃO

Você já construiu um foguete aeromodelo? Nós também não. Mas, pelo que entendemos de foguetes aeromodelos, é lógico que, se você vai construir um, é realmente importante que tenha todas as peças nos lugares certos e funcionando adequadamente. Se você puser a ponta do foguete no lado e não no topo, ele provavelmente não voará. Se o propulsor estiver no topo e não na base, talvez você tenha um grande fogo, mas pouca altitude. Ainda que tudo esteja no lugar certo, mas uma parte não esteja funcionando adequadamente, o foguete não voará – pelo menos, não em linha reta. Se você quer que o foguete voe, todas as diferentes peças têm de estar no lugar certo e também precisam estar funcionando adequadamente.

Um sermão é como um foguete de brinquedo. Se você quer que ele voe e realize seu propósito, precisa entender algo quanto às diferentes peças; precisa colocar as peças juntas em boa ordem e assegurar-se de que cada peça funcione apropriadamente. Neste capítulo, queremos considerar cinco "peças" de um sermão típico, dar conselhos sobre elas e fazer comentários sobre como se encaixam para fazer o sermão voar.

Introduções

Martyn Lloyd-Jones era um médico antes de ser um pregador e levava consigo, frequentemente, a sua perspectiva médica para o púlpito. Ele pensava nas pessoas reunidas ao seu redor como pacientes, e sua tarefa como pregador era dar-lhes remédio da Palavra de Deus que serviria para curá-las de suas doenças espirituais. Lloyd-Jones tinha uma estima elevada dos primeiros parágrafos de um sermão. Eram, disse ele, sua primeira e melhor chance de ganhar a atenção das pessoas que, do contrário, não se importariam com o que ele dissesse. Eis o que ele disse:

> Eu nunca fui um típico pregador galês. Pensava que, na pregação, a primeira coisa que tinha de fazer era demonstrar para as pessoas que o que eu iria fazer era muito relevante e urgentemente importante. O estilo galês de pregação começava com um versículo e, em seguida, o pregador expressava a conexão e analisava as palavras, mas o homem do mundo não sabia do que ele estava falando e não se interessava. Eu começava com o homem a quem eu queria

ouvir, *o paciente*. Era uma abordagem médica realmente – ali estava um paciente, uma pessoa em aflição, um ignorante que viera ao médico, e assim eu considerava tudo isso na introdução. Eu queria ter o ouvinte e, *depois*, chegar à minha exposição. Os pregadores galeses começavam com sua exposição e terminavam com um pouco de aplicação.[1]

Eu (Mark) acho que Lloyd-Jones está totalmente correto. As introduções que ouço muitas vezes em sermões que poderiam ser bons sermões são frequentemente mal empregadas. Às vezes, são apenas um convite para abrir o texto, o que não é realmente uma introdução, de modo algum. Outras vezes, são uma história ou uma anedota com uma conexão tênue com o sermão. Grandes coisas podem ser feitas em sermões por meio de introduções. É claro que cada pregador desenvolverá seu próprio estilo, mas introduções não podem ser descartadas como se fossem insignificantes ou espiritualmente inúteis. Pelo contrário, introduções formam um tipo de funil para o interesse da congregação. Elas unem todos os focos divergentes e conflitantes que caracterizam sua congregação e chamam a atenção para os temas que você pregará em seguida. Além disso, introduções de sermão são uma boa maneira de antecipar a aplicação para o cristão e também permitem que os não cristãos presentes saibam que são bem-vindos e que são ouvidos.

O que quero dizer com antecipar a aplicação para o cristão? Não quero dizer que você deve literalmente começar com

---

1 Iain Murray e David Martyn Lloyd-Jones, *The First Forty Years, 1899-1939* (Carlisle, PA: Banner of Truth, 1982), 147.

as aplicações. O que estou querendo dizer é que sua congregação será ajudada em ouvir bem se entender por que as coisas que você está dizendo são relevantes para eles. Essa relevância pode ser de vários tipos. Pode ser um desafio à maneira de pensar deles, ou uma exortação sobre a vida cristã deles, ou um esclarecimento de alguma doutrina. O sermão pode ser importante para eles no sentido de encorajá-los e confrontá-los quando chegam a entender mais a Deus e os seus caminhos ou pode ser importante no sentido de instruí-los no que devem fazer. Qualquer que seja o *tipo* de relevância, o objetivo principal de uma introdução deve ser ensinar a sua congregação que ela ouve os sermões não apenas para acumular conhecimento religioso, para que possam vencer um jogo de conhecimento bíblico na próxima vez que o jogarem! Não, a razão por que ouvimos sermões é sermos instruídos, encorajados, desafiados, corrigidos e fortalecidos na fé; e as introduções do sermão podem ser uma maneira valiosa de antecipar essas expectativas.

Qualquer texto da Escritura que você abordar num sermão terá implicações para o entendimento, o sentimento e as realizações das pessoas, e, se você começar com uma amostra de algumas dessas implicações – se no início você fizer algumas dessas perguntas ou desafiar algumas dessas pressuposições – isso ajudará sua congregação a prestar atenção. Isso os ajudará a se interessarem pelo sermão mais do que se você apenas disser: "Na semana passada, terminamos o capítulo 7, e agora começaremos com o versículo 1 do capítulo 8". Esse tipo de abordagem presume muito interesse no texto; presume que cada ouvinte está esperando ansiosamente para ouvir o que você tem a dizer a respeito do capítulo 8. Isso pode ser verdadeiro quanto à sua igreja; se assim é, nunca a deixe! Na maioria das igrejas, a situação não é assim. As pessoas vêm à adoração coletiva com inúmeras coisas em sua mente – filhos, parentes, quem virá para o jantar, como pagarei aquela conta, vejam o vestido dela!, eu preciso de uma soneca, os Cowboys jogam às 12h30 ou às 16h – e, se você não parar todas essas linhas de pensamento logo no início, talvez nunca conseguirá detê-las. Uma boa introdução oferecerá à congregação uma motivação para adiar suas distrações por um tempo e fazer o trabalho árduo de ouvir bem uma sermão bíblico cuidadoso, o tipo de sermão que os ajudará a amadurecer tanto como congregação quanto como cristãos individuais.

Uma segunda coisa que procuro realizar com introduções é envolver os não cristãos que estão presentes e deixá-los saber que são ouvidos, que suas preocupações, questões e objeções estão sendo levadas em conta no sermão que estão prestes a ouvir. Geralmente, pessoas que discordam de você supõem que os argumentos e os pontos que você formulará são equivocados, porque você não entende algo sobre elas, os interesses delas ou a perspectiva delas. Como pregador e pastor, compreendo isso e gostaria de entendê-las. Além disso, gostaria de *mostrar*-lhes que estou pregando como alguém que pelo menos *tenta* entendê-las.

Permita-me dar um exemplo do que estou querendo dizer. Em seguida, apresento uma breve introdução de um sermão que eu (Mark) preguei recentemente sobre Marcos 1.35-39, a passagem em que Simão Pedro acha Jesus orando bem cedinho, num lugar solitário, e Jesus ensina a seus discípulos que viera para pregar. Minhas introduções são, às vezes, mais longas do que esta, às vezes, mais elaboradas, e às vezes, mais bem coordenadas com a conclusão do sermão. Mas acho que esta lhes dará uma boa ideia do que estou querendo dizer com envolver os nãos cristãos presentes em sua congregação:

> *Enigma*, da palavra grega que significa "fábulas" e falar em charadas, significa algo obscuro ou difícil de entender, como um problema inescrutável ou uma pessoa misteriosa.
> Quando pensamos nisso, é admirável que a pessoa sobre a qual mais se escreveu até hoje seja uma enigma para muitos. Mas não se pode negar que ele é. "Oro a Jesus por bons ventos", disse uma moça hindu, quando me falou de uma extensa lista de deuses para os quais ela orava. "Eu não creio que ele existiu", disse outra pessoa. Mesmo entre os que reverenciam o nome de Jesus, ele é frequentemente não mais do que um personagem remoto, às vezes, confortador, às vezes, proibidor, dependendo de meu estado emocional ou de meu senso de culpa. Historicamente, sabemos muito a respeito de quem Jesus era no sentido literal da questão – um judeu do século I que era mestre itinerante na Palestina. Mas, no sentido mais profundo – *por que* Jesus era –, aí está o enigma.
> Por que Jesus viveu? Por que ele veio? Para satisfazer minhas necessidades? Para ser um exemplo brilhante de espiritualidade pessoal? Para ensinar discernimentos esotéricos das eras ou a maneira virtuosa de se viver?

Por que Jesus veio? No tempo do ministério de Jesus, muitas ideias diferentes circulavam a respeito dele. Muitas achavam que Jesus viera apenas como um "rabi". Ele proclamou a lei de Deus, ensinou nas sinagogas, reuniu discípulos, debateu com os escribas, foi envolvido em questões sobre a lei e até ficava sentado quando ensinava – a maneira de ensino tradicional dos rabinos.

Outros viam os milagres de Jesus e pensavam que ele viera primariamente para realizar maravilhas de cura e exorcismo e a multiplicação de alimentos. Alguns viam a Jesus como um profeta reencarnado do Antigo Testamento; outros, como alguém que expulsava demônios pelo poder do príncipe dos demônios. Ele foi chamado rei, glutão, beberrão, profeta, criminoso, revolucionário, Deus e blasfemador. Por que Jesus veio?

Isso é o que o evangelho de Marcos quer nos falar nesta manhã. Nosso texto é Marcos 1.35-39.

Nessa introdução, minha esperança era ajudar tanto os cristãos como os não cristãos a ouvirem bem o resto do sermão. Minha intenção era que os cristãos não somente fossem informados a respeito de onde ficava o texto na Bíblia, mas também plantar na mente deles algo da importância dos assuntos abordados no texto. Este texto tem sido pregado frequentemente como "siga a Jesus como um exemplo; retire-se sozinho para ter um tempo devocional; assegure-se de ter sua vigília matutina bem cedo". Eu espero, porém, que minha congregação venha a entender que assuntos mais importantes estão em jogo nesta passagem, que a própria identidade e o propósito de Jesus estão unidos em como ele respondeu ao pedido de Simão Pedro para que fosse ver as multidões.

E, para os ouvintes não cristãos, minha esperança era que eles ouvissem e entendessem que este pregador cristão tem algum entendimento de mistério, tem amigos hindus, tem conversas com não cristãos e compreende que as pessoas têm estimativas diferentes a respeito de Jesus. E quero que eles pensem nestas coisas *não* porque estou fundamentalmente preocupado com o que pensam sobre mim, mas porque desejo que sejam persuadidos de que ouvirão uma apresentação correta de quem Jesus é e do que ele afirmou ser.

Exegese

Já dissemos isto, mas vale a pena ser dito outra vez: o fundamento de todo sermão é um bom entendimento do texto que ele está expondo. Isso é verdade não somente para o pregador em sua preparação e entrega do sermão, mas também para a congregação que está ouvindo. Por essa razão, é crucial que o sermão explique claramente o que está se passando no texto.

Os pregadores são tentados a errar na exegese de duas maneiras importantes: ou por darem informação demais, ou por darem muito pouca informação. Qualquer destas duas atitudes pode ser prejudicial ao poder de um sermão para cumprir seu propósito. Alguns pregadores, por um lado, são tentados a pular a parte exegética do sermão e seguir imediatamente para a ilustração e a aplicação. É fácil percebermos a tentação dessa abordagem. Congregações geralmente se animam quando você deixa claro que está chegando à aplicação; eles respondem mais e melhor. Cabeças balançam, "améns" são proferidos. Isso não acontece tão frequentemente quando você está explicando o fluxo de pensamento em Romanos 7. Mas, apesar disso, fazer a obra de ensino é importante, não tanto porque a sua congregação considerará o ensino brilhante, mas também porque o ensino do texto provê a base a partir da qual a aplicação pode ser lançada. Se você tentar aplicar um texto antes de sua congregação entendê-lo, o poder dessa aplicação será drenado enormemente. Quando a congregação pode ver claramente que a aplicação vem diretamente do significado do texto, isso impacta a mente e o coração deles.

O erro oposto que alguns pregadores cometem é dar à sua congregação toda minúcia de informação que aparece no seu estudo do texto. Os significados de palavras gregas, suas etimologias, uma lista de todas as outras passagens da Escritura em que certa palavra é usada, pano de fundo arqueológico de todos os lugares mencionados – tudo isso é introduzido no discurso como se fosse um artigo da Wikipedia sobre o texto, em vez de um sermão.

É melhor não fazer isso. Pelo contrário, a porção do sermão dedicada ao ensino deveria ter como único alvo ajudar seu povo a entender o significado e o equilíbrio do texto. Você deve explicar-lhes por que Jesus responde esta pergunta do modo como o faz ou por que Paulo segue a discussão deste assunto com a discussão do assunto anterior. Entretanto, na maioria das vezes, a etimologia específica de uma palavra grega que é a raiz de outra não será necessária para que uma congregação entenda o significado do texto. Sim, isso pode acrescentar algum dinamismo, ou pode parecer interessante, mas também pode desviar o poder da principal direção e sentido do texto.

Alguns anos atrás, quando eu (Greg) era mais imaturo (!), preguei um sermão em que interrompi minha explicação de um salmo para explicar que, ao se pronunciar a palavra hebraica *chesed*, deve-se ter cuidado para fazer um bom som gutural no fundo da boca! Não sei por que fiz isso. Era um fato verdadeiro. Eu estava e continuo absolutamente certo disso. Mas era completamente irrelevante para o ensino do texto que eu estava apresentando. Fui criticado por aquilo mais tarde, quando os oficiais da igreja revisaram o sermão.

Em outro sermão sobre os primeiros capítulos de Isaías, decidi encher minha congregação de detalhes sobre a situação política e geográfica da Assíria e do Egito em comparação com Israel. Foi interessante para mim, mas foi totalmente irrelevante para o que Deus estava dizendo no texto. Eu poderia ter dito o que era necessário em dois minutos e não em vinte. E acabou sendo um sermão de setenta minutos.

Um boa regra de ouro é incluir apenas os detalhes necessários que esclarecem o significado do texto, fortalecem seus pontos e os enfatizam. Se determinado detalhe não faz isso, não o use no sermão.

Ilustrações

Ilustrações são facilmente a parte mais abusada dos sermões contemporâneos. Alguns pregadores as detestam e não as usam de maneira alguma. Outros parecem pensar que sermões são constituídos apenas de ilustrações. Eu (Mark) lembro ter ouvido, anos atrás, um sermão em que um pregador apresentou uma ilustração de dez a quinze minutos num sermão de meia hora. Com toda honestidade, foi uma boa história que ele contou bem e convincentemente. Até hoje lembro os detalhes. Lembro o enredo da história. De fato, lembro até alguns dos nomes das pessoas envolvidas, e isso é muito incomum para mim. Mas há um porém: não consigo dizer-lhe sobre qual passagem da Escritura esse irmão estava pregando, nem quais foram seus pontos, nem a impressão espiritual do texto. Não lembro nem o ponto que ele ilustrou com a história. Tudo que lembro é a história.

Os especialistas nos dizem que vivemos numa época de narrativa. Isso pode ser verdade, mas também nos faz perguntar se já houve alguma época – sabendo como os humanos experimentam tempo e memória – que *não foi* uma época de narrativa. Quando pessoas nunca gostaram de histórias? Histórias nos envolvem. Achamos histórias no Antigo Testamento, imagens de casamento e adultério usadas nos profetas, os sonhos de Faraó e a parábola de Natã sobre o fazendeiro rico que tomou a única ovelha de um lavrador pobre. E, é claro, toda a história de Israel chega até nós em histórias – um cenário de personagens em que a ação acontece durante certo período de tempo. É natural, portanto, que pregadores falem usando ilustrações, não somente neste tempo, mas em todos os tempos. Apesar disso, precisamos ter muito cuidados em usá-las. Precisamos assegurar-nos de que nossas ilustrações não dominem o sermão, que não sejam longas demais e que seu drama não se desvie do significado e fluxo do sermão como um todo. Ilustrações têm o propósito de iluminar e não de obscurecer. Eis alguns conselhos sobre ilustrações.

Ilustrações não têm de ser histórias. Às vezes, uma descrição cativante de uma cena servirá como uma ilustração perfeita. Trará uma história bíblica à vida e imprimirá em seus ouvintes a importância da cena. Por exemplo, em Hebreus 13, o autor exorta seus leitores a saírem "fora da porta" com Jesus. É uma figura de rejeição que viria aos cristãos por causa de sua lealdade a Cristo. Ora, ao ilustrar o que esta passagem diz, você poderia contar uma história a respeito de um tempo em que sentiu rejeição por causa de sua fé. Mas não seria melhor, e até mais cativante, *não* contar um história e sim apenas descrever o que o autor de Hebreus estaria pensando quando escreveu a expressão "fora da porta"? Eis como eu (Greg) lidei com esta passagem quando preguei sobre ela. São as minhas anotações ao pé da letra:

> Tenho de entender o que significa "fora do arraial" e "fora da porta". No lado de dentro da porta, havia terra santa, mas o lado de fora era onde estavam imundície e impureza. Ficaria óbvio se você pudesse andar ali; Judá, Efraim e suas bandeiras. Mas no lado de fora – ali estavam corpos mortos. Era onde pessoas aliviavam o ventre. Se você fosse para fora do arraial, teria de ser ritualmente purificado antes de entrar de novo. E, ao redor, fora do arraial, cabanas velhas – leprosos que gritavam "impuro! Impuro!" e corriam para que o vento não lançassem sua doença sobre ou-

tra pessoa. O mesmo acontecia fora da cidade. Ali foi onde Jesus morreu – lá fora. Até os romanos determinaram que a crucificação era impura demais para ser realizada na cidade. Lá fora, com a impureza. Pensamento impressionante, realmente, quando pensamos nele, a vida seria encontrada num lugar de morte; santidade e justiça seriam ganhas num lugar da mais detestável impureza.

E sabe o que mais? É uma boa coisa, também, porque este é o lugar onde eu estou. Se você conhecesse seu próprio coração, clamaria "impuro, impuro", porque saberia que *seu lugar é* entre os mortos e a imundície. Entretanto, foi exatamente para pessoas como eu e você que Jesus veio – para os impuros, a fim de que sejamos purificados; para os não santos, a fim de que sejamos santificados. Reverte a infecção. Ele sofreu e morreu *fora do arraial*, onde eu estou, onde você está. Não fuja dele; corra para ele. EVANGELHO. Você tem de admitir que está fora do arraial, não pode ganhar justiça. Louve a Deus, achamos vida fora da porta, porque este é o lugar onde estamos!

Bom lembrar como cristão, também. Quando o pecado nos abate, quando você se acha espiritualmente morto. Jesus não quer que você purifique a si mesmo antes de vir a ele. Pessoas dizem o tempo todo: "Preciso colocar as coisas em ordem antes de ir a Jesus, falar com ele, antes de servi-lo". Como se você tivesse de esfregar-se e esfregar-se antes de ir ao trono do Rei. Ó amigo, se é assim que você pensa, então, não o conhece! Ele não é um Rei que tem medo de sujeira. Ele é um Rei que tem cicatrizes nas mãos, porque morreu fora da porta. É um Rei que ama aqueles que estão sujos e impuros, cujo lugar natural é fora da porta e que sabem disso e vêm a ele para receber misericórdia de suas mãos. Querido irmão ou irmã, se o seu pecado é grande e imundo em sua vida, vá a Jesus; prostre-se; entregue-o a ele. Não será surpresa para ele. Ele sofreu e morreu fora da porta, não para salvar aqueles que não têm pecado, mas para salvar aqueles que estão arruinados pelo pecado e o invocam em busca de salvação.

Vejam, não há nenhuma história aqui, mas a minha esperança era que uma descrição cativante do que significa estar "fora da porta" estabelecesse a verdade de que Jesus ama pecadores que admitem que são horrivelmente imundos. A descrição, não uma história, abre o caminho para essa verdade.

Seja cuidadoso com ilustrações pessoais. Um hábito moderno especialmente problemático é o uso exagerado de ilustrações pessoais, histórias de como você fez algo ou falou com alguém. Comece uma declaração com "Eu estava falando ontem com...." e veja como a sua congrega se antena, como o foco das pessoas retorna para o púlpito! Isso é totalmente normal e esperado. Não há nada incomum nisso, porque é uma mudança de ritmo, você aprende algo sobre quem está falando, e talvez possa também haver algum valor de entretenimento. Mas, apesar de todo o seu poder, ilustrações pessoais devem ser usadas apenas com o maior dos cuidados. Se você é um pastor fiel, já teve muitas tentações para edificar uma congregação em redor de si mesmo e de sua personalidade. Em parte,

Deus lhe deu essa personalidade para fazer isto mesmo – ser um pregador cativante do evangelho e implorar as pessoas a virem à fé em Cristo. Mas, por outro lado, você precisa ser cuidadoso para não permitir que sua igreja se torne a igreja de Mark ou de Greg, em lugar da igreja de Jesus Cristo. Use a si mesmo frugalmente e nunca deixe a impressão de que você é um herói ou o cara mais inteligente e mais sábio na cidade. Quando você usar realmente ilustrações pessoais, faça de si mesmo, às vezes, um exemplo mau – a pessoa que disse a coisa *errada* e não a coisa certa, a pessoa que está em tremenda necessidade da graça de Deus. Se as suas ilustrações ilustram apenas sua bondade e sua inteligência, elas falham em ilustrar o evangelho de Jesus.

Aplicação

Uma das perguntas mais comuns que nos são feitas como pregadores expositivos é esta: "Quando você prega expositivamente, como aplica o texto do sermão?" Primeiramente, devemos notar que por trás desta pergunta pode haver muitas suposições questionáveis. O inquiridor pode estar lembrando sermões expositivos que ele ouviu (ou talvez até pregou) que não foram, de modo algum, diferentes de palestras de faculdade ou de seminário. Podem ter sido bem estruturadas e acuradas, mas pareceram ter pouca urgência piedosa e pouca sabedoria pastoral. Estes sermões expositivos podem ter tido poucas aplicações ou mesmo nenhuma. Por outro lado, o inquiridor pode estar apenas compreendendo mal o que a aplicação realmente é. Pode ter havido muitas aplicações nos sermões em questão, mas ele pode simplesmente não ter reconhecido isso.

William Perkins, o grande teólogo puritano do século XVI, em Cambridge, instruía os pregadores a imaginarem os vários tipos de pessoas que estariam ouvindo os sermões e a refletirem nas aplicações da verdade para vários tipos de ouvintes – pecadores endurecidos, indagadores duvidosos, santos fatigados, jovens entusiastas; e a lista prossegue.[2] Vamos abordar a questão de maneira levemente diferente. Muitos de nós que somos chamados a pregar a Palavra de Deus certamente já sabemos disto, mas será proveitoso lembrar-nos outra vez deste fato: *há não somente diferentes tipos de ouvintes, há também diferentes tipos de aplicação que são legitimamente considerados aplicação.*

Quando eu prego a Palavra, sou chamado a expor as Escrituras, a pegar uma passagem da Palavra de Deus e explicá-la com clareza, convincentemente e, até, urgentemente. Neste processo, três diferentes tipos de aplicação refletem três diferentes tipos de problemas que encontramos em nossa peregrinação cristã. Primeiro, lutamos sob a infelicidade da ignorância. Segundo, lutamos com dúvida mais frequentemente do que a princípio compreendemos. Por último, nós pecamos – quer por desobediência direta, quer negligência pecaminosa. Todos estes três problemas anelamos ver mudados em nós mesmos e em nossos ouvintes, cada vez que pregamos a Palavra de Deus. E todos os três fazem surgir tipos diferentes de aplicação legítima.

---

2 William Perkins, *The Art of Prophesying* (Carlisle, PA: Banner of Truth, 1996), 56-63.

Ignorância é um problema fundamental num mundo caído. Temos nos alienado de Deus. Estamos separados da comunhão com nosso Criador. Informar as pessoas da verdade a respeito de Deus é em si mesmo um tipo poderoso de aplicação, um tipo que precisamos desesperadamente. Isto não é uma desculpa para sermões monótonos ou insensíveis. Eu posso ser motivado, no mesmo grau (e até mais), tanto por afirmações indicativas quanto por comandos imperativos. As ordens do evangelho para arrepender-se e crer não significam nada sem as afirmações indicativas sobre Deus, nós mesmos e Cristo. Informação é vital. Somos chamados a ensinar a verdade, a proclamar uma grande mensagem sobre Deus. Queremos que pessoas ouçam nossas mensagens para mudarem da ignorância para o conhecimento da verdade. Essa informação sincera é aplicação.

Dúvida é diferente de simples ignorância. Na dúvida, pegamos ideias e verdades que nos são familiares e as questionamos. Esse tipo de questionamento não é raro entre os cristãos. De fato, a dúvida bem poderia ser um dos mais importantes assuntos a serem diligentemente explorados e desafiados em nossa pregação. Às vezes, podemos imaginar que um pouco de apologética antes da conversão é a única ocasião em que pregadores precisam abordar a dúvida de maneira direta, mas isso não é verdade.

Algumas pessoas que ouviram seu sermão no último domingo e sabem todos os fatos que você mencionou sobre Deus, ou sobre Cristo, ou sobre Onésimo talvez estivessem se questionando se criam ou não criam realmente que tais fatos eram verdadeiros. Às vezes, a dúvida das pessoas não é expressada. Talvez não estejamos cientes de nossa própria dúvida. Mas, quando começamos a examinar diligentemente a Escritura, descobrimos dúvidas, hesitações e incertezas ocultas nos recessos mais remotos; e tudo isso nos deixa tristemente cientes do poder de atração da dúvida, atraindo-nos para longe do caminho do peregrino fiel. Para essas pessoas – talvez para essas partes de nosso coração – queiramos argumentar e instar em favor da veracidade da Palavra de Deus e da urgência de crer nela. Somos chamados a instar os nossos ouvintes quanto à veracidade da Palavra de Deus. Queremos que os ouvintes de nossa mensagem mudem da dúvida para a crença sincera na verdade. Essa pregação urgente e perscrutadora da verdade é aplicação.

O *pecado* é, também, um problema neste mundo caído. Ignorância e dúvida podem ser elas mesmas pecados específicos, ou o resultado de pecados específicos, ou nenhuma dessas coisas. Todavia, o pecado é muito mais do que negligência ou dúvida. Esteja certo de que os ouvintes de seus sermões lutaram com a desobediência a Deus na semana que passou e lutarão também com a desobediência na semana que estão começando. Os pecados variarão. Alguns serão desobediência de ação; outros serão desobediência de inação. Mas, quer de comissão, quer de omissão, os pecados são desobediência a Deus. Parte do que devemos fazer, quando pregamos, é desafiar o povo de Deus a uma vida de santidade que refletirá a santidade de Deus mesmo. Portanto, parte de nossa tarefa de aplicar a passagem da Escritura que estamos pregando é extrair as implicações da passagem para as nossas ações durante a semana. Como pregadores, somos chamados a exortar o povo de Deus à obediência à sua Palavra. Queremos que os ouvintes de nossa mensagem mudem de desobediência pecaminosa para obediência prazerosa a Deus, de acordo com sua vontade revelada em sua Palavra. Essa exortação à obediência é aplicação.

É claro que a principal mensagem que precisamos aplicar toda vez que pregamos é o evangelho. Algumas pessoas ainda não conhecem as boas novas de Jesus Cristo. Algumas pessoas que vêm à igreja para ouvir nossa pregação podem estar ali distraídas, ou sonolentas, ou divagando, ou não prestando atenção de alguma outra maneira. Elas precisam ser informadas do evangelho. Precisam ouvir o evangelho. Outras podem já ter ouvido, entendido e, talvez, até aceitado genuinamente a verdade do evangelho, mas agora estão lutando com dúvida sobre a própria natureza do que você estava abordando (ou supondo) em sua mensagem. Essas pessoas precisam ser exortadas a crer na verdade das boas novas de Cristo. Além disso, pessoas podem já ter ouvido e entendido, mas são tardias em se arrepender de seus pecados. Talvez não duvidem da verdade do que você está dizendo; podem apenas ser demoradas em se arrependerem de seus pecados e se voltarem para Cristo. Para esses ouvintes, a aplicação mais poderosa que você pode fazer é exortá-las a odiarem seus pecados e a correrem para Cristo. Em todos os nossos sermões, devemos procurar aplicar o evangelho por informar, instar e exortar.

O desafio comum que nós pregadores enfrentamos em aplicar a Palavra de Deus em nossos sermões é que, às vezes, aqueles que têm problemas numa área ou outra pensarão que você não está aplicando a Escritura de maneira alguma se não estiver abordando o problema específico deles. Estão certos? Não necessariamente. Embora a sua pregação possa melhorar se começar a abordar a dúvida, por exemplo, mais frequente e mais completamente, não é errado você pregar para aqueles que precisam ser informados ou que precisam ser exortados a abandonar o pecado, embora a pessoa que fala com você não esteja ciente dessa necessidade.

Uma nota final. Provérbios 23.12 diz: "Aplica o coração ao ensino e os ouvidos às palavras do conhecimento". Nas versões bíblicas, a palavra traduzida por "aplicar" quase sempre (talvez sempre?) não se refere à obra do pregador, nem à obra do Espírito Santo, e sim à obra daquele que ouve a Palavra de Deus. Somos chamados a aplicar a Palavra ao nosso próprio coração e aplicar-nos, nós mesmos, a essa obra.

Em última análise, Lloyd-Jones estava realmente certo quando disse:

> Devemos sempre lembrar que a verdade de Deus, embora seja destinada primariamente à mente, destina-se também a cativar e influenciar toda a personalidade. A verdade sempre deve ser aplicada; e manusear uma porção da Escritura como alguém manuseia uma peça de Shakespeare, de maneira puramente intelectual e analítica, é abusar da Escritura. Pessoas têm reclamado frequentemente que comentários são "tão secos como o pó". Há certamente algo bastante errado quando esse é o caso. Qualquer tipo de

exposição do "glorioso evangelho da bênção de Deus" nunca deve produzir essa impressão. Minha opinião é que temos tido muitíssimos comentários e estudos breves nas Escrituras. A maior necessidade de nossos dias é um retorno à pregação expositiva. Isso foi o que aconteceu no tempo da Reforma, no avivamento puritano e no Despertamento Evangélico do século XVIII. Somente quando retornarmos a isto, seremos capazes de mostrar às pessoas a grandeza, a glória e a majestade das Escrituras e de sua mensagem.[3]

Conclusões

Concluir um sermão pode ser uma das partes mais difíceis de preparar-se para pregar. Todos ouvimos sermões em que o pregador parece estar tendo muita dificuldade para terminar. Ele dá a impressão de que vai terminá-lo, umas seis ou sete vezes, mas continua quando você pensa que ele está acabando-o definitivamente. "Terminar um sermão" é tão importante quando começá-lo.

Idealmente, nós, pregadores, queremos que a conclusão de nosso sermão seja poderosa. Desejamos que ela leve, como uma espada, toda a força e peso de nossa mensagem ao coração empedernido do pecador, à vontade complacente do cristão ou à alma ferida do santo. Não precisa ser algo gritante nem dramático, nem deve ser algo que distraia as pessoas dos pontos que foram elaborados com base na Escri-

---

[3] D. Martyn Lloyd-Jones, *Romans: An Exposition of Chapters 3:20-4:25* (Carlisle, PA: Banner of Truth, 1998), xii.

tura. Deve apenas levar avante esses pontos numa afirmação ou pergunta solene e final.

Uma das melhores conclusões que eu (Mark) posso lembrar foi a conclusão de um sermão sobre a crucificação de Cristo, com base no evangelho de Marcos. Dick Lucas estava pregando, e, enquanto permanecia lá, calmo e tranquilo no púlpito, meditando na obra de Deus em Cristo, terminou o sermão com uma voz tanto reverente quanto simples: "Nada mais pode ser feito. Nenhuma barreira entre o amor de Deus e você. No que diz respeito a Deus, todos os pecados são perdoados. Deus o aceitará se você for a ele em nome de Jesus, não em seu próprio nome. Se você for a Deus humildemente em nome de Jesus, será bem recebido".

E, com a enunciação das palavras "bem recebido", o entusiasmo de minha aceitação por Deus, em Cristo, foi reacendido e impressionou minha alma novamente. Não foi a sentença que me impressionou. Foi a maneira como ele resumiu tudo que havia pregado – sobre o meu pecado, o amor de Cristo, a expiação, a cruz, a ira de Deus, a substituição e a morte de Jesus. Tudo foi resumido e compactado naquela sentença: "Se você for a Deus humildemente em nome de Jesus, será bem recebido". Foi a maneira como todas as bênçãos do evangelho e a grande necessidade da humanidade de ser reconciliada com Deus foram resumidas nas últimas palavras "bem recebido". Foi um exemplo brilhante de como toda a força de um sermão impactou o coração dos ouvintes na última sentença, até na última palavra, do sermão. E deixou-nos, todos, não aplaudindo o pregador, mas em silêncio, admirando a Jesus Cristo.

Esse deveria ser o alvo de cada sermão. Se a introdução, a exegese, as ilustrações, a aplicação e a conclusão trabalharem todas juntas, perfeitamente, o resultado deve ser que todo o sermão deixará a congregação pensando não em seu brilhantismo como pregador, mas na importância e na mensagem do texto que você acabou de pregar. Tudo deve se harmonizar para focalizar os olhos de seus ouvintes em Jesus – estimulá--los a amar mais a Jesus, sua Palavra e seu povo.

CAPÍTULO 8

PREGANDO
O SERMÃO

Há alguma coisa semelhante àqueles poucos instantes que você tem antes de abrir a boca e começar a pregar o sermão? A música está terminada, tudo está quieto, todos os olhos no prédio estão em você. Você se dirige ao púlpito, abre a Bíblia, posiciona suas anotações no púlpito... e para.

Ou, pelo menos, eu paro. Por apenas dois segundos – talvez três –, eu paro antes de começar a falar e deixo os meus olhos percorrerem a congregação, talvez até faça um contato de olhos com alguém. Não é por efeito, nem é para tentar ganhar a atenção à maneira de um professor que se mantém visivelmente em silêncio quando sua classe está ficando inquieta. Não, essa pausa rápida é por mim mesmo. É para lembrar a mim mesmo por que estou ali, para incutir em meu coração, pela última vez, a enormidade do que estou fazendo. "Estas pessoas", eu penso, "pertencem a Jesus. São dele. Ele as amou, derramou seu sangue por elas e colocou todos os recursos de sua onipotência a serviço de sua determinação para trazê-las em segurança ao lar. E, agora, nesta hora seguinte, ele as está colocando... em minhas mãos, para ensiná-las e encorajá-las".

Richard Baxter, o pregador puritano, disse isto: "Eu prego como se não estivesse seguro de que pregarei outra vez, como um moribundo a homens moribundos".[1] Estar diante de uma congregação e abrir a Palavra para eles é uma ação que excede todo grau de importância. Não é levantar-se e falar às pessoas como se nós mesmos não precisássemos desesperadoramente da graça que estamos expondo para elas em nossos sermões. É levantar-se e falar como alguém que achou a cura para a mais letal das doenças e implorar aos ouvintes que abram seus olhos para essa cura. É uma responsabilidade gloriosa e importantíssima.

Nós (Mark e Greg) temos falado juntos sobre essa responsabilidade – desde a preparação de um sermão até à sua pregação –, muitas vezes e em detalhes, e concordamos que a melhor parte do processo é realmente a pregação do sermão, ficar no púlpito e colocar toda a preparação e tudo que escrevemos em palavras faladas. É um sentimento maravilhoso! Pregar um sermão é um grande trabalho e possui tantas armadilhas como o trabalho de preparação. E são muitos os pregadores que são capazes de preparar um manuscrito de

---

1 Do poema de Baxter, "Love Breathing Thanks and Praise".

sermão até ao fim, mas que, apesar disso, parece não serem capazes de pregá-lo com liberdade e poder.

Sendo totalmente franco, não há, de fato, uma maneira de *ensinar* um dom de pregação. Assim como todos os outros talentos e outros dons espirituais, a habilidade de pregar a Palavra com poder é algo que Deus dá somente por sua graça. Ainda assim, todos nós podemos melhorar em nossa pregação da Palavra de Deus. Ninguém – nem mesmos os Spurgeons, os Whitefields e os Pipers da história – nasce com todas as ferramentas de proclamação firmemente ajustadas e perfeitamente harmonizadas. Um pregador pode melhorar sempre, não importando quão dotado ele seja. Neste capítulo, queremos considerar alguns dos assuntos e questões envolvidos na pregação do sermão. E, quando o fazemos, esperamos que isto lhe seja bastante útil em seu labor e contribua para seu aprimoramento na pregação, de modo que seja mais capaz de comunicar a Palavra de Deus para sua igreja, com clareza e poder.

Manuscrito ou Esboço?

É melhor pregar com base num manuscrito ou num esboço? Em todos os meus (Mark) anos de viagens e palestras sobre o assunto de pregação expositiva, seria difícil lembrar um evento em que essa pergunta *não* me foi dirigida. Eu uso um manuscrito completo em minha pregação, envolvendo geralmente entre 10 a 15 páginas. Com poucas exceções, eu coloco no papel cada palavra que falarei. Como falamos antes neste livro, acho que essa prática me ajuda a afiar minhas palavras e apresentar minhas ideias com a maior força e precisão possível. Aprecio esta descrição da pregação de Richard Baxter:

> O relógio de areia ao seu lado media a extensão do sermão, que nunca era menos do que uma hora; e seu costume era lê-lo de um manuscrito primorosamente escrito. "Eu uso tantas anotações quanto qualquer outro homem quando estou realizando esforços", ele disse, "e faço tão poucas anotações quanto qualquer outro homem quando estou inativo ou ocupado e não tenho tempo livre para preparação".[2]

"Quando realizo esforços." Não é brincadeira! Escrever um manuscrito é certamente um grande esforço. Toma muito tempo, é cansativo e entediante. Mas, pelo menos para mim, as recompensas sobrepujam os esforços. Quando termino de escrever e, depois, leio o sermão uma ou duas vezes, eu me familiarizo com todas as linhas dele. Sei aonde irei com o sermão e o que pretendo dizer. Escolhi as palavras cuidadosamente, e cada uma delas, tanto quanto sou capaz, é calculada para comunicar a Palavra de Deus com a maior acurácia e a maior força possíveis.

Isso não significa, é claro, que me levanto no púlpito e apenas *leio* o manuscrito, como se estivesse apresentando um artigo acadêmico numa conferência acadêmica. Não, eu labuto para pregar o sermão com paixão e convicção, para mover os corações e vontade dos ouvintes, para que sejam estimulados a responder bem à Palavra de Deus. Também não significa

---

2 Marcus Loane, *Makers of Puritan History* (Carlisle, PA: Banner of Truth, 2009), 190.

que me prendo servilmente ao manuscrito e nunca digo coisas que não foram preparadas de antemão. Essa não é minha natureza, de modo algum! Várias vezes, num sermão, eu me afastarei do manuscrito, ou com um pensamento que não me ocorreu antes, ou com um aplicação extra, ou com um parêntese engraçado, sem qualquer motivo real. Não quero ser uma geringonça estática e formadora de palavras atrás do púlpito. Quero ser um ser humano que conhece e sente sua necessidade de um Salvador e, por isso, reconhece a importância do que está dizendo, mas também quero ser um ser humano *bem preparado* que conhece e sente essas coisas!

As anotações de meu (Greg) sermão não são tão extensas quanto as de Mark. Enquanto ele chega a algo entre 13 ou 14 páginas, as minhas anotações envolvem entre três ou quatro páginas. Não escrevo cada palavra que planejo dizer. De fato, é provavelmente mais exato eu chamar minhas anotações "esboços detalhados" do que chamá-las manuscritos. Algumas partes de minhas anotações são mais escritas à mão do que outras. Por exemplo, tendo a escrever à mão as seções de aplicação, mais do que as seções de exegese, a não ser que eu esteja labutando com um texto especialmente sutil. Minha tendência é também escrever à mão ensino teológico denso que exige mais precisão de linguagem. Acho que tendo a me afastar muito do manuscrito em minha pregação, bem como a repetir ideias quando tenho um senso de que não se fixaram na primeira vez que as comuniquei. Portanto, um esboço detalhado me permite trabalhar cuidadosamente no modo como falo, mas também cria algum espaço para expansão e elaboração quando estou no púlpito.

Uma das coisas que temos notado, especialmente em pregadores jovens, é que há frequentemente uma tensão entre acurácia e personalidade no púlpito. Quando um homem leva um manuscrito completo para o púlpito, ele tende a ser preciso em seu falar, mas também um pouco insípido e preso ao manuscrito. Suas frases são emitidas parecendo muito "literárias", porque a palavra escrita soa diferente da palavra falada. Você talvez já notou isso quando ouviu outros pregadores. Quando alguém está apenas falando, as sentenças tendem a não ser muito bonitas. Não há pausas apropriadas; há fragmentação e reversão; as sentenças tendem a ser curtas e não elaboradas. A palavra escrita é diferente. As sentenças são construídas com mais elaboração, com cláusulas dependentes e floreio retórico. Também tendem a ser mais longas e mais cheias de adjetivos e advérbios. Isso é bom. O problema, porém, é que a mente de seus ouvintes é expert em perceber quando você passa a *falar* aquilo que são sentenças *escritas* – em outras palavras, quando você começa a recitar. Pense nas linhas de texto que atores falam numa escola de teatro; é com isso que a pregação recitada se parece – bastante artificial, não importando quanto sentimento você coloque nela.

Então, como você pode evitar isso? Alguns homens, é claro, não têm nenhum problema nisso. Eles podem levar um manuscrito inteiro para o púlpito e parecer como se estivessem falando totalmente extemporâneos. Você nunca sabe se eles planejaram de antemão cada linha do sermão. Outros não têm essa habilidade natural, mas aprendem como fazê-lo no decorrer do tempo. Aprendem como você *se sente* quando entra em modo "literário" e aprendem como se ajustar e sair desse modo rapidamente. Um método que pode unir acurácia e personalidade é este: escreva um manuscrito. Trabalhe árduo nas palavras. Mas, depois, deixe-o em casa. Em outras palavras, faça o trabalho de escrever o manuscrito, mas, depois, leve um esboço (com qualquer nível de detalhes) para o púlpito. Ou, alternativamente, encolha seu manuscrito detalhado numa letra bem pequena, pois, se for necessário, ele estará lá, mas será pequeno demais para você se apoiar nele por muito tempo. Dessa maneira, você terá feito o árduo trabalho de achar boas palavras e imagens que fiquem em sua mente; e sua mente pode também fazer sua obra de traduzir essas grandes palavras e imagens em algo que você diria se estivesse apenas falando, em vez de lendo e recitando.

Em última análise, a coisa importante não é se você usa um manuscrito ou um esboço. O que é importante é você se esforçar para ser cuidadoso e preciso em sua linguagem e, ao mesmo tempo, pregar com convicção, paixão e personalidade. "Lógica em fogo", foi assim que Lloyd-Jones definiu pregação. "Luz e calor" é como os nossos antepassados costumavam referir-se à pregação. Todos eles estão certos. Tire um desses elementos — luz ou calor, lógica ou fogo — e você ficará com algo muito aquém da pregação bíblica.

A Densidade dos Sermões
Repetidas vezes, somos informados de que sermões devem ser mais fáceis de entender do que o eram no passado — menos abstratos, mais espontâneos e mais curtos, tendo menos his-

tórias de experiência pessoal e dando lugar a mais participação dos que estão ouvindo. Tudo isso é aceito como verdade por muitos pregadores hoje. É claro que há algo a ser dito quanto a simplicidade na pregação. E paixão, ousadia e intrepidez na pregação, quando unidas à verdade, são excelentes! Nada disso deve ser questionado. Mas gostaríamos de argumentar que conteúdo forte – e muito dele – é excelente também! Você quer que seus sermões sejam cheios de conteúdo que alimente e fortaleça seu povo.

Uma das maneiras pelas quais os pregadores parecem desanimar a si mesmos é por acreditarem que todos deveriam lembrar cada detalhe do que eles pregam. Gastamos muito tempo na elaboração de cada ponto, pensamos, e, uma semana depois, as pessoas não conseguem lembrar o que dissemos. Isso é desanimador. Por esse motivo, raciocinamos, vamos dar-lhes menos! Talvez eles lembrarão mais do que receberam!

Se isso é que você tem pensado, precisa expulsar esse pensamento de sua mente agora mesmo. O importante não é que sua congregação seja capaz de lembrar do mesmo, como pessoas fazem pesquisas no Google, cada sentença ou cada ponto que você proferiu. O importante é que a Palavra de Deus molde o coração, a mente e a vontade delas, e isso pode acontecer mesmo se não lembrarem as palavras ou pontos precisos que você falou. Pense nisto: que romancista escreve um romance esperando que você lembre cada mudança no enredo? Esse não é o alvo do romancista. O alvo dele é levá-lo ao longo da história, fazê-lo sentir o peso da história e afetá-lo com a história. Ou pense em propagandas. Que publicitário faz uma propaganda com o pensamento de que lembrará o diálogo do anúncio? Outra vez, esse não é o alvo dos publicitários. O alvo é gravar em sua mente a importância e a desejabilidade do produto para que você seja mais propenso a comprá-lo.

É claro que a pregação cristã não é precisamente como qualquer destes exemplos. Há um conteúdo proposicional e confiável para a fé cristã que não existe, digamos, para um produto de alta qualidade. Queremos pregar esse conteúdo, e, com o passar do tempo, oramos para que nosso povo o lembre e o use em sua vida. Mas não se apavore quando seu povo não está retendo tudo que você diz, Suas palavras e a verdade que você apresenta ainda estarão agindo para moldá-los na semelhança de Cristo. Além disso, com o passar do tempo, as verdades mais importantes *se fixarão* e eles as lembrarão. Como pregadores da Palavra de Deus, queremos apenas que nossos sermões sejam claros e nossos pontos, exatos e firmes. Grande parte da obra que fazemos nos sermões é apenas preparar os pontos e comunicá-los àqueles que tem ouvidos para ouvir.

Eu (Mark) suponho que apenas 20% dos adultos que ouvem meus sermões captarão o máximo do que eu digo. Mas isso é ótimo. Esses 20% que têm um apetite naquele dia específico são os que eu quero alimentar. Pessoas estão acostumadas a âncoras de notícias, a revistas e a mestres que sabem mais do que elas. Por que os pregadores não deveriam estar nessa mesma categoria? Enquanto o evangelho for claro para todos, será realmente um problema fazer com que as pessoas se esforcem um pouco para entender algumas das coisas ensinadas no sermão? A pregação de sermões que são mais exigentes em alguns pontos nos tornam mais distantes, intimidantes e inacessíveis? Não penso assim. Se você é uma pessoa distante, intimidante e inacessível, até seu sermão mais simples será distante, intimidante e inacessível. E, além disso, talvez dizer algumas poucas coisas que levam as pessoas a se esforçarem um pouco em seu entendimento as ajudará a ter confiança em nós. Talvez isso dará aos crentes mais maduros de nossas igrejas algo mais a aprenderem do sermão, e talvez atraia o tipo de pessoa que mostra a maturidade de valorizar tanto o amor quanto o conhecimento.

"E quanto às crianças?", alguém perguntará. Irmãos, pais abençoados abençoarão os filhos. Ajudar mamãe e papai a entenderem o evangelho, a entenderem o amor, a pensarem no que significa ser um bom exemplo ou um mau exemplo podem ser conceitos que estão acima de algumas das crianças mais novas presentes na sua igreja, mas, se os pais chegarem a entender essas coisas, eles podem ensinar seus filhos. Além disso, você não fará nenhum bem às crianças por ensinar a seus pais apenas coisas que eles entendiam completamente quando tinham dez anos de idade.

Eu o incentivo, portanto, a pregar sermões para adultos. Isso não significa que seus sermões devam ser complicados e difíceis de entender. Mas devem ser tão sérios e solenes quanto a própria vida. Um boa regra áurea é pressupor que todo aquele que ouve você pregar é tanto muito inteligente *quanto* muito ignorante. Em outras palavras, presuma que seus ouvintes nunca foram instruídos sobre a fé cristã, mas são plenamente capazes de se beneficiarem de uma explicação consistente. E, depois, explique a Escritura para eles. Não presuma que seus ouvintes são incapazes de entender ou desinteressados no que a Escritura diz. Se você pregar assim, estará supondo e buscando um nível de interesse sério em seus sermões. Mas por que isso é algo ruim? Isso é exatamente o tipo de expectativa, seriedade e interesse que você quer estimular em sua igreja, quanto ouvem a Palavra de Deus.

E isso nos leva a outro ponto sobre a pregação de sermões.

O Tom do Sermão

Muitos dos sermões evangélicos de nossos dias têm o sabor de um triunfalismo presunçoso que é tanto repulsivo quanto derrotismo desesperador. Os sermões cristãos deveriam ser saturados com confiança no triunfo do Cordeiro vencedor, mas, ao mesmo tempo, deveriam ter em si um ar de verdade e realismo quanto ao nosso mundo amaldiçoado. Os sermões, como outros aspectos de nosso culto coletivo, deveriam reconhecer francamente as dificuldades para vivermos a vida de fé. Abraão, Moisés, Davi, Jeremias, Paulo – todos eles viveram a vida de fé, lutaram e sofreram enquanto a viviam. O próprio Jesus era mais confiante na vitória do que qualquer outra pessoa que já andou neste mundo, mas, apesar disso, ele amou e ensinou pacientemente, e ensinou de novo, orou, lamentou, denunciou e chorou.

Então, qual deve ser exatamente o tom de um sermão cristão? Eis cinco aspectos do tom que devemos desejar em nossos sermões.

1. Nosso tom na pregação deve ser *bíblico*. Em seu melhor, a nossa pregação nunca deve insinuar partidos – presbiteria-

nos ou batistas, calvinistas ou arminianos, amilenialismo ou dispensaionalismo. Em vez disso, nossos sermões devem ser sempre bíblicos, nos quais as doutrinas que apoiamos surjam claramente do texto. Desta maneira, a coisa maravilhosa e atraente não é pertencer ao seu partido, e sim a fidelidade à Palavra de Deus e à sua verdade. Assim como a história da Bíblia é centralizada em Deus, assim também dever ser a nossa pregação. Sermões que são bíblicos gastarão tempo considerando quem Deus é e o que ele fez. O evangelho será naturalmente central. Devemos pregar não para atrair pessoas para o nosso grupo teológico, e sim para atraí-las a Cristo.

2. Nosso tom de pregação deve ser *humilde*. Se estamos contemplando seriamente a Deus e sua graça em nossa pregação, autossatisfação orgulhosa não terá lugar em nossos sermões. Em vez disso, eles serão marcados pelo aroma da graça. Serão como o capitão do Exército de Salvação sobre quem eu li, certa vez, que deu este testemunho em seu leito de morte: "Mereço ser condenado. Mereço estar no inferno. *Mas Deus interferiu*". Se entendemos verdadeiramente a graça de Deus, nunca entraremos no púlpito pensando que merecemos estar ali. Pelo contrário, teremos um profundo senso de indignidade antes de pregarmos a Palavra de Deus; e teremos um senso confirmador de vergonha quando virmos como Deus usa sua Palavra na vida de pessoas e considerarmos que somos mais capazes em pregar do que em viver.

3. Nosso tom na pregação dever ser *claro*. A humildade bíblica não procede, de modo algum, de uma incerteza quanto à verdade de nossa mensagem. Em nossos dias, há muito

frequentemente um tipo errado de timidez. Agimos como se ficássemos admirados com o fato de que podemos ser entendidos. Entretanto, a verdadeira humildade, centrada em Deus e em sua Palavra, produz uma clareza ousada. É a humildade de um arauto que não ousa mudar a mensagem do Rei que o enviou, mas que também não ousa transmitir essa mensagem sem a mais firme convicção de sua veracidade.

4. Nosso tom na pregação deve ser *solene* e *sério*. No começo de seu livro *Counted Righteous in Christ*, John Piper lamenta a leviandade ímpia de muitos dos cultos evangélicos de nossos dias:

> Quanto mais velho fico, tanto menos impressionado sou com os sucessos e os entusiasmos ostentosos que não são baseados na verdade. Todos sabem que, com a personalidade correta, a música correta, o lugar correto e o programa correto, você consegue fazer uma igreja crescer, sem que ninguém saiba que compromisso doutrinário ela sustenta, se é que sustenta algum. Especialistas em plantação de igrejas geralmente minimizam a importância da doutrina bíblica nos valores essenciais do que torna uma igreja "bem-sucedida". O efeito de longo prazo desta atitude é o enfraquecimento da igreja que fica escondido enquanto as multidões forem grandes, a banda tocar alto, as tragédias forem poucas e a perseguição ainda está no nível de preferências.
>
> No entanto, esta mistura de música, dramatização, dicas para a vida e marketing, mas de doutrina diluída, parece estar cada vez mais fora de contato com a vida real neste mundo

– sem mencionar o mundo vindouro. Não é suficientemente séria. É excessivamente jovial, superficial e casual. Sua alegria não é profunda, contrita ou bem fundamentada. A injustiça, a perseguição, o sofrimento e as realidades infernais no mundo hoje são tantas, tão amplas e tão próximas de nós, que não posso deixar de pensar que, em seu íntimo, pessoas estão anelando por algo consistente, sólido, bem fundamentado, estável e eterno. Por isso, parece-me que brincar com esquetes frívolas e com estilos entusiastas de bem-vindo à toca estão em desarmonia com as questões da vida.

É claro que funciona. Mais ou menos. Porque, em nome de necessidades sentidas, isso se harmoniza com o impulso das pessoas para fugirem do que é mais sério e mais importante, do que as torna mais humanas e do que pode abrir para a sua alma as profundezas de Deus. A intenção é nobre. A superficialidade divertida é um caminho para o conteúdo substancial. Mas é um caminho estranho. E não há evidência suficiente de que muitos não estão dispostos a irem além do que é divertido e simples. Portanto, o preço de minimizar o gozo baseado na verdade e de maximizar o conforto baseado na atmosfera é elevado. Duvido que uma mentalidade religiosa com tal sentimento de entretenimento possa realmente sobreviver como cristã por muitas outras décadas. As crises revelam as fraquezas.[3]

5. Nosso tom na pregação deve ser repleto de *confiança jubilosa*. Embora reprovemos o triunfalismo superficial e com-

---

3 John Piper, *Counted Righteous in Christ* (Wheaton, IL: Crossway, 2002), 22-23.

placente, também temos a confiança de que somos unidos a Cristo, o eterno Filho de Deus, o Primogênito dentre os mortos, o Rei que voltará! Nem injustiça, nem imoralidade, nem a diminuição na taxa de casamentos, nem tragédias pessoais, nem desastres naturais, nem crises econômicas podem deter a mão de Deus ou retardar o retorno de Cristo um momento sequer. Como o idoso João na pequena ilha de Patmos, aprisionado ali pelo mais poderoso dos impérios, também nós falamos aos poderes desta época sem temor, mas com advertência solene, ameaças santas e desejos sinceros por seu arrependimento, para que se unam a nós na vitória do Cordeiro.

QUANDO O SERMÃO TIVER SIDO PREGADO

Poucos ministros que pregam a Palavra de Deus se sentem muito bem quando terminam o sermão. Costumeiramente, eu fico pensando em tudo que não tive tempo para dizer ou mesmo em algumas coisas que eu *disse* e gostaria de *não ter dito*. Então, chega o momento da bênção, eu a pronuncio e, depois, vou quietamente até à porta para falar com as pessoas, enquanto saem do templo. Às vezes, pessoas vêm falar comigo, e sou humilhado e encorajado pelo que dizem sobre como o Senhor usou o sermão em sua vida. Outras vezes, ninguém diz quase nada, e isso me incomoda mais do que gostaria que incomodasse.

No entanto, a resposta imediata – visto que ansiamos por satisfação momentânea – não é o fator importante. O pastorado é constituído de muitos sermões, e o fato é que a maioria desses sermões serão pequenas vitórias e não triunfos magníficos. Mas isso é ótimo. Se o Senhor for tão bondoso ao ponto de conceder-lhe uma extensa sequência de pequenas vitórias, isso será puramente obra da graça dele, e sua congregação se beneficiará e crescerá a partir disso. Conquistamos grandes batalhas com uma sequência de pequenas vitórias. Portanto, não se preocupe se não conseguiu um triunfo magnífico – e, se você o conseguiu hoje, não fique presunçoso! Vá para casa, descanse e agradeça a Deus pela graça que ele lhe deu para ensinar e encorajar de novo o seu povo. Deixe o assunto de pregação por um momento e, depois, comece de novo todo o processo para a semana seguinte. Nosso Deus é um Deus bom, e, semana após semana, ele dará graça e forças aos homens que pregam sua Palavra.

CAPÍTULO 9

REVISANDO O SERMÃO

O que você gosta de fazer nos domingos à noite depois de um longo e frutífero dia do Senhor com sua congregação? Ir ao cinema com os amigos? Comer um lanche e assistir o Fantástico? Passar um tempo de qualidade com sua família? Eu (Mark) também gosto de todas estas coisas, mas, nos últimos 15 anos, tenho gastado as noites de domingo sentado em meu escritório com os líderes da igreja e alguns outros amigos, falando sobre o dia e ouvindo críticas e incentivos.

Sem dúvida, esta "revisão do culto" feita semanalmente tem sido um dos instrumentos mais proveitosos que achei para aprimorar tanto nossos cultos, em geral, quanto minha pregação, em particular. Por aproximadamente uma hora e meia, uns doze de nós revemos, um por vez, cada elemento do dia, desde as aulas de Escola Dominical até as orações, os cânticos e os dois sermões do dia. Consideramos como as canções fluíram no culto e quão bem a congregação as cantou. Falamos sobre como o líder de culto fez um excelente trabalho em dar boas-vindas aos visitantes e como ele falhou por não sorrir durante todo o culto e dar-lhe um ar desagradavelmente melancólico. Falamos sobre as orações que foram feitas e discutimos como seu conteúdo e seu sentimento pareceram no contexto de todo o culto.

Depois, em maiores detalhes e maior duração, comentamos o sermão, quer eu o tenha pregado, quer tenha sido outra pessoa. Tudo é considerado. Falamos sobre a exegese, a aplicação, a introdução e a conclusão. Falamos sobre como o sermão afetou nosso coração, o que nos desafiou, o que não entendemos e o que poderia ter sido feito melhor e não foi. Às vezes, a discussão termina. Às vezes, acabamos todos concordando uns com os outros. Mas, apesar de como a reunião se desenvolve, a disciplina regular de solicitar e receber opiniões sobre meus sermões tem sido muito útil em meu crescimento como pregador. Os homens e as mulheres que me dão suas opiniões me moldaram com o passar dos anos, ensinando-me coisas sobre como as pessoas me ouvem, coisas que, de outra maneira, eu nunca saberia. E, às vezes, eles me convenceram de que entendi errado alguma parte da passagem que acabei de pregar. No que diz respeito ao texto, têm manifestado pensamentos ótimos que não me ocorreram antes. E o mais importante é que têm me encorajado a continuar pregando, semana após semana, porque me explicam como o texto da Escritura, por meio de meus sermões, os desafiou e os encorajou na fé em Jesus Cristo.

Queremos encorajá-lo a adotar algo semelhante em seu ministério. Não precisa ser idêntico ao que fazemos na Capitol Hill Baptist Church. Na Third Avenue Baptist Church, por exemplo, não fazemos uma revisão do culto nos domingos à noite. Em vez disso, poucos de nós se reúnem durante o café da manhã às terças-feiras para conversar sobre o domingo anterior. A coisa importante é que você abra algumas linhas de comunicação, para receber opiniões a respeito de seu sermão. Isso não é apenas uma forma de você melhorar, embora seja uma consequência benéfica. É também uma salvaguarda contra o erro, uma maneira pela qual você pode prestar contas a alguns poucos membros de sua igreja pela boa realização de seu trabalho como pregador, para não cair no erro de fazer o mínimo que é esperado semana após semana.

Ocasionalmente, pessoas nos perguntarão por que fazemos um revisão do culto. Já falamos sobre algumas dessas razões, mas queremos mencionar mais quatro razões que sempre oferecemos às pessoas que nos perguntam. Fazemos uma revisão do culto a fim de ensinarmos uns aos outros quatro habilidades importantes para todo ministro cristão: a habilidade de oferecer críticas piedosas, de receber críticas piedosas, de dar encorajamento piedoso e de receber encorajamento piedoso. Todas estas habilidades são testadas de uma maneira profunda quando você abre a si mesmo e seus sermões para serem criticados e avaliados por certos membros confiáveis de sua congregação.

Oferecer Críticas Piedosas

A maioria dos cristãos não tem a menor ideia de como oferecer críticas piedosas, como corrigir e reprovar de uma maneira que seja construtiva e não destrutiva. Essa é a razão por que opiniões negativas tendem a surgir em abundância em nossas igrejas. As pessoas simplesmente se refreiam de oferecer qualquer opinião crítica porque pensam que toda a ideia é ímpia, e, depois, quando a situação se torna insuportável, a crítica surge numa torrente de injúria e frustração. A crítica, porém, não precisa ter essa natureza. Não é inerentemente uma coisa negativa. Pelo contrário, a crítica é o que o Senhor usa para nos ajudar a amadurecer como cristãos e como pregadores. E, por essa razão, precisamos ter o cuidado de incentivar as pessoas a pensarem de maneira crítica e cuidadosa sobre nossos sermões e, depois, ensiná-las a expressarem sua opinião sobre eles de maneira piedosa.

Pense nestas palavras de Paulo dirigidas a Timóteo: "Prega a palavra, insta, quer seja oportuno, quer não, corrige, repreende, exorta com toda a longanimidade e doutrina" (2 Tm 4.2). Duas das três palavras que ele usou neste versículo são inequivocamente críticas. Estão relacionadas a corrigir o erro e a colocar o errante no caminho certo. Provérbios 9.9 expressa este mesmo ensino: "Dá instrução ao sábio, e ele se fará mais sábio ainda; ensina ao justo, e ele crescerá em prudência". Oferecer crítica de uma maneira piedosa – ensinar e incentivar os outros a fazerem o mesmo – é parte de nosso trabalho como pastores. Mas o que significa oferecer crítica de uma maneira piedosa? Várias coisas nos vêm à mente.

Primeiramente, toda crítica piedosa deve ser dada num contexto de amor, apreciação e encorajamento. Não é frequente que *tudo* que uma pessoa faz é destituído de bem. Quase sempre haverá algo a encorajar, antes de você prosseguir para as coisas que ela fez errado ou de modo não ideal; e você deve aproveitar essa oportunidade. Isso não significa que você tem de aderir servilmente à velha proporção "três coisas boas para cada coisa má", mas significa que sua crítica não deve ser oferecida sem sentimento. Deve ser dada num contexto claro de apreciação, para que a pessoa entenda plenamente que sua crítica procede de um coração de amor.

Em segundo, a crítica que você oferece deve ser *específica*. Um crítica geral de que "eu tive dificuldade para compreender seu sermão" não é, para um homem que acabou de pregar, tão proveitosa quanto uma crítica de que "eu tive dificuldade para saber em que ponto do esboço você estava, porque você não distinguiu os pontos suficientemente quando passou de um para outro". Lembre: o alvo em oferecer crítica piedosa é ajudar a pessoa que você está criticando a melhorar; e uma opinião específica pode ser implementada na próxima vez que o irmão pregar, de uma maneira que a opinião geral não pode.

Em terceiro, é geralmente melhor não oferecer apenas uma avaliação negativa de alguma parte do sermão, mas também oferecer uma alternativa positiva. Por exemplo, em vez de dizer: "Você não devia ter ilustrado o ponto daquela maneira", é melhor dizer: "Entendo o sentimento que você tinha de que precisava ilustrar aquele ponto. Acho que você estava certo quanto a isso. Mas, em vez de fazer como o fez, talvez poderia ter tentado isto". Percebe a diferença? Esta última crítica oferece um caminho para frente. Provê um meio para o homem criticado pensar sobre como poderá melhorar quando pregar de novo.

Em quarto, suas críticas devem ser sempre gentis, embora firmes. Nunca devem ser rudes, ou deliberadamente irônicas, ou calculadas para fazerem você parecer bom. Há sempre a tentação de oferecer críticas de uma maneira perspicaz ou exageradamente interessante. E a realidade é: isso é fácil de se fazer. É muito mais fácil aparecer com uma crítica mordaz e inteligente do que pregar um sermão inteiro. Então, quando você oferecer críticas, faça-o gentilmente, embora firmemente. Diga, tão firmemente quanto necessário, que algo estava errado ou foi mal aconselhado, mas, no processo, não faça uma pirueta retórica. Se você fizer, sim, atrairá para si a atenção e fará a pessoa rir, mas a razão para a sua crítica – ajudar o pregador a melhorar – se perderá. Ele deixará de ouvi-lo.

Por fim, este é o segredo para oferecer critica piedosa: ter sempre em mente o *propósito* da crítica. Seu alvo não é ganhar aprovação para si mesmo ou provar que teria feito um trabalho melhor do que o pregador; é apenas ajudá-lo a fazer melhor da próxima vez. Conserve isso em mente, e sua crítica será cheia de piedade gentil, firme e edificante.

Receber Críticas Piedosas

Se você está lendo este livro, provavelmente se verá no lado de quem recebe críticas sobre o sermão mais frequentemente do que no lado de quem as oferece. Para alguns pregadores, receber críticas sobre os seus sermões é incrivelmente difícil. Eles ficam na defensiva, ou irritados, ou deprimidos, se alguém tem algo negativo a dizer sobre os sermões deles. Ser capaz de receber críticas piedosas é um meio crucial para se ter um ministério longo, frutífero e próspero. Também é uma questão de sabedoria. O livro de Provérbios está cheio de afirmações que incutem em nós a importância de ouvir palavras de reprovação e correção. Por exemplo, Provérbios 13.18 nos diz que "pobreza e afronta sobrevêm ao que rejeita a instrução, mas o que guarda a repreensão será honrado". Provérbios 15.32 diz: "O que rejeita a disciplina menospreza a sua alma, porém o que atende à repreensão adquire entendimento". Provérbios 12.1 expressa isso com mais força: "Quem ama a disciplina ama o conhecimento, mas o que aborrece a repreensão é estúpido".

Receber crítica nunca é divertido, mas quando é dada de uma maneira piedosa será sempre benéfico. Eu (Greg) me lembro do primeiro sermão que preguei na Capitol Hill Baptist Church como um dos estagiários de Mark. Também me lembro da reunião de revisão do culto naquela noite; mais de uma década depois, o que Mark me disse naquela noite ainda permanece comigo. Por um lado, ele fez graça de mim por ficar na ponta dos pés durante todo o sermão. Há uma década tenho procurado corrigir esse problema, mas, como resultado, nada tenho conseguido além de fracasso. O mais importante, porém, é que ele também me disse que eu devia ter compreendido que Jesus mesmo interpretara a passagem do Antigo Testamento sobre a qual eu havia pregado e que eu devia ter aprendido de Jesus como entendê-la. Naquela ocasião, não apreciei a crítica. Eu queria infantilmente que o sermão tivesse sido impecável. Mas, vendo isso em retrospectiva, aquela crítica de meu sermão moldou profundamente a maneira como prego o Antigo Testamento. Se quero entendê-lo corretamente, preciso examinar a maneira como Jesus e os apóstolos o entenderam. Eu não sabia disso na ocasião da crítica. No entanto, Mark estava me ensinando uma profunda lição na *regula fidei*, o princípio de que a Escritura é seu melhor intérprete; e essa lição tem pagado dividendos por mais de uma década.

A maioria de nós tem uma tendência para irritar-se quando ouve críticas do trabalho. Tendemos a irritar-nos e começamos a pensar imediatamente em defesas contra o que a outra pessoa está dizendo. O segredo para recebermos críticas piedosas é confiar no fato de que a pessoa que critica seu trabalho está fazendo isso para seu bem, e, depois, esforçar-se para ver e entender o que ela está dizendo. Não procure se defender ou se desculpar imediatamente; apenas ouça e tente ver o que outros veem. Isso não significa que você não pode reagir. Quando revemos um sermão, todos aprendem, e às vezes a reação do pregador a uma crítica específica pode ensinar a todos os envolvidos na revisão. Mas isso significa realmente que você deve receber as críticas e não assumir imediatamente uma postura que rejeita toda crítica como ilegítima. Provérbios chama isso de "estúpido". Não o faça.

E o que você deve fazer com as críticas que recebe? Bem, certamente você não deve se deter nelas até ao ponto de ficar desanimado. Pelo contrário, use-as para crescer! Use-

-as para melhorar! Receba as críticas como você toma uma pílula amarga. Engula-a rápida e totalmente, deixando que cumpra o devido propósito em sua vida e sua pregação. Não sinta a necessidade de mastigá-la e saboreá-la! Depois, na próxima vez que você pregar, lembre as críticas e coloque--as em operação. Se você fizer isso, ganhará "entendimento", como diz Provérbios. E, além disso, você se tornará um pregador melhor.

Dar Encorajamento Piedoso

A habilidade de dar encorajamento piedoso é tão importante quanto a de oferecer críticas piedosas. Quer você acredite, quer não, o encorajamento nem sempre é piedoso. Há uma forma de encorajamento que é pouco diferente de bajulação; e devemos evitá-lo. Não devemos, porém, esquivar-nos de dar encorajamento apenas porque pode ser pecaminosamente corrompido. Afinal de contas, toda coisa boa pode ser corrompida. Em qualquer revisão de sermão de um pregador é importante não apenas oferecer críticas piedosas, mas também encorajamento piedoso.

Talvez a melhor maneira de fazer isso é dar exemplos específicos de como certas partes do sermão –uma aplicação ou uma ilustração – impactaram sua vida e seu coração. É claro que você deve gastar algum tempo falando sobre os aspectos mais técnicos do sermão – a ideia principal, o esboço, o modo como o pregador manuseou o texto, a maneira como usou ilustrações, se ele pregou o evangelho e como concluiu o sermão. Mas, se você quer dar encorajamento profundo e duradouro a um pregador, não há realmente maneira melhor de você fazer isso do que dizer-lhe como o Senhor usou o sermão que ele pregou para afetar sua vida.

Aqui, não estamos falando de bajulação. Não aumente seu encorajamento além da verdade. Encoraje nos pontos em que o encorajamento é devido, critique nos pontos em que as críticas são apropriadas e cale-se em caso contrário. De modo semelhante, seja cuidadoso quanto ao uso exagerado de superlativos em seu encorajamento. Se uma ilustração foi boa, mas não a melhor que você já ouviu, diga que foi boa, mas não diga que foi a melhor ilustração que já ouviu. Se você tende a usar palavras superlativas em todo encorajamento que oferece, as pessoas logo perceberão isso e aprenderão a reduzir o que você diz. Poupe superlativos para os superlativos.

Ter uma congregação que sabe como dar encorajamento piedoso pode ser uma grande bênção para aqueles que pregam a Palavra de Deus semana após semana. Pregar é, por necessidade, uma atividade emocionalmente esgotante e muito mais se o único retorno que o pregador recebe é crítica negativa ou mesmo silêncio. Uma congregação que sabe como encorajar seu pastor o estimulará a continuar, talvez por décadas, pregando fiel e poderosamente.

Receber Encorajamento Piedoso

A maioria de nós não tem qualquer problema com receber encorajamento, pelo menos não à primeira vista. Comparado com receber críticas, receber encorajamento é relativamente fácil, mas é claro que tem seus próprios perigos.

Como já mencionamos, é bom quando uma congregação quer encorajar seu pastor, dizendo-lhe como têm sido afetados pelos sermões dele e contando-lhe os frutos de sua obra na vida da igreja. E todo pastor precisa ouvir esse tipo de encorajamento. Evidentemente, o perigo é a tendência do coração para começar a orgulhar-se desse fruto. Olhamos para a obra do Senhor em nossa igreja e começamos a entendê-la erroneamente como nossa própria obra. Receber encorajamento de maneira piedosa é recebê-lo com humildade, reconhecendo que todo bom fruto que resulta de nossa pregação é obra de Deus, o resultado de seu Espírito Santo tomando nossas palavras e dando-lhes poder na vida das pessoas.

Devemos subir ao púlpito todo domingo com um profundo senso de dependência de Deus. Devemos saber, no profundo do coração, que se ele não abençoar e não der poder ao nosso trabalho, este fracassará. Portanto, quando vemos frutos, o louvor pertence a Deus. Quando pessoas se arrependem de seus pecados e são despertadas para um novo amor por Cristo, o louvor é de Deus. E devemos ser rápidos em dar-lhe o louvor. O fato é que o nosso ministério, assim como a nossa salvação, é um dom da graça de Deus. Não somos salvos porque o merecemos, assim como não subimos ao púlpito cada domingo, para ensinar o povo de Deus, porque o merecemos. Ocupamos o púlpito apenas porque Deus nos abençoou graciosamente com o privilégio de fazermos isso; e cada porção de encorajamento que recebemos deve ser aceito com um coração cheio de gratidão a Deus.

Portanto, receba encorajamento; não o evite. Não insista em que as pessoas de sua igreja não lhe deem encorajamento. É importante e correto que façam isso. Agradeça-lhes pelo encorajamento e regozije-se nele, mas não se detenha nele ao ponto de autoconfiança. Em toda porção de encorajamento que você receber, treine sua mente e coração a reconhecerem humildemente que todas as coisas boas – seu ministério, sua habilidade de pregar, a graça de Deus em permitir que você pregue para seu povo – são dons de Deus. E nós que ocupamos o púlpito todo domingo para proclamar a mensagem de graça devemos ter cuidado especial para não perdermos isso de vista.

Uma Experiência de Revisão do Culto

Várias vezes por ano, convidamos alguns pastores e outros líderes de igreja para passarem um fim de semana conosco e participarem de todas as atividades de nossa igreja, incluindo a revisão do culto. Nossa esperança é que eles vejam, em nossa equipe de ministério e nos estagiários, o espírito sobre o qual estamos falando neste capítulo; um espírito que oferece e recebe graciosamente críticas piedosas e que oferece e recebe, com humildade, encorajamento piedoso. Também esperamos que esses homens vejam o benefício de fazerem algo semelhante a isso em suas igrejas. Em seguida, apresentamos a descrição do que um desses irmãos viu quando participou de nossa revisão de um domingo em que ele esteve conosco.

> Se eu tivesse de resumir a reunião em uma palavra, eu a descreveria como... detalhada. A reunião se desenvolveu considerando cada evento do dia. Eles começaram por rever cada uma das aulas da Escola Dominical. A maioria

das aulas tinha alguém da equipe de ministério que estava ali. O líder de revisão do culto (Mark Dever, nesta vez) se referiu a cada uma das classes e abriu a discussão a respeito da qualidade da lição, a qualidade do ensino e qualquer coisa que precisasse de aprimoramento (por exemplo, uma das salas tinha um aparelho de ar-condicionado que fazia barulho durante toda a aula).

Depois, o grupo começou a rever o culto matinal de domingo. Aparentemente, muitos dos líderes da Capitol Hill são educados em música. Gastaram um bom tempo revendo não somente as canções escolhidas, mas também os detalhes específicos de como as canções foram tocadas... Outro tópico revisto foi a oração. Como mencionei antes, o culto da manhã incluiu uma quantidade significativa de oração, e as orações foram dirigidas por diferentes líderes da igreja. Este tempo da revisão foi gasto em criticar cada oração dos outros. Talvez você pense que isso seja um sacrilégio, mas pareceu muito benéfico. Um dos homens que oraram foi destacado por causa de seu uso anormal de linguagem elevada durante sua oração. Foi recomendado que ele falasse de uma maneira mais conversacional. "Use contrações", sugeriu Mark. Outro dos que oraram foi mencionado porque, devido a um descuido da mente, algo que ele orou era errado e não bíblico. Em outro ponto, os líderes mais jovens pediram ao pastor principal conselho sobre como prepararem-se para liderar a oração coletiva. No geral, pareceu uma sessão de revisão edificante.

A maior parte do tempo foi gasto, surpreendentemente, criticando o sermão de Geoff [Nesse tempo, Geoff era um assistente pastoral na Capitol Hill Baptist Church]. Fiquei admirado com algumas das reações detalhadas que alguns daqueles homens foram capazes de oferecer. Em um ponto, alguém citou uma sentença inteira do sermão, ao pé da letra. Embora os detalhes das críticas não sejam importantes para eu informar aqui, ficou muito claro que pastores mais experientes tinham muito a oferecer a Geoff, que tinha muito menos experiência de púlpito, e que Geoff recebeu com gratidão o conselho...

Afastando-me da revisão do culto, algumas coisas se destacam em minha mente. Em primeiro lugar, os eventos daquele domingo foram revistos *em detalhes* pelos líderes da igreja. Certamente, uma das razões por que tantas pessoas olham para essa igreja como modelo é a natureza resoluta da liderança da CHBC. Em segundo, as críticas foram dadas e *recebidas* com humildade. Quando um indivíduo (especialmente, os mais velhos) criticava outro, a crítica começava com elogio, antes que qualquer outra coisa corrigível fosse apresentada. Certamente, isto tornava mais fácil receber a crítica. Todos pareceram aceitar bem as críticas, especialmente os presbíteros mais velhos. Pessoas não ficaram irritadas, e a confiabilidade não foi diminuída pelos comentários de alguém. Criar e manter uma cultura de liderança que pode aceitar críticas humildemente exige, sem dúvida, muito esforço – e vale a pena.[1]

---

1 P. J. King, "Capitol Hill: Late at Night", http://pillarontherock.com/2010/06/capitol-hill-late-at-night.html.

Concordamos e oramos que o Senhor nos ajude a fazer isso para nosso bem como pregadores, para nosso bem como cristãos e para o bem de nossas igrejas, enquanto elas crescem em Cristo por meio da Palavra de Deus pregada.

PARTE TRÊS

TRANSCRIÇÕES DE SERMÕES

INTRODUÇÃO

Nesta terceira parte do livro, há dois sermões: um, de Mark, o outro, de Greg. O objetivo destes sermões não é mostrar qualquer habilidade específica em pregar, e sim dar-lhe uma ideia de como pode ser, para nós, rever o sermão um do outro, falar sobre eles e dar opiniões um ao outro. Entremeadas nas transcrições, estão comentários sobre a conversa que Mark e Greg tiveram um com o outro sobre o sermão. Críticas e encorajamentos estão registrados, bem como explicações que o pregador talvez quis fazer sobre uma seção específica.

Visto que queremos mostrar-lhe como pode ser uma revisão de sermões, estas transcrições estão levemente editadas. O conteúdo dos sermões não foi mudado desde o dia em que foram pregados. E nada substancial foi acrescentado ou corrigido. As sentenças foram editadas apenas quando não faziam sentido em forma escrita, a fim de tornarem os sermões mais legíveis e compreensíveis sem o recurso do áudio. Estes não são especificamente os melhores ou os piores sermões. São apenas sermões que pregamos recentemente. Queríamos que você visse nossos sermões, na forma mais crua possível – o bom, o mau e o feio.

Não estamos apresentando estes sermões como modelos de tudo que falamos e defendemos neste livro. Às vezes, atingimos o ideal; às vezes, ficamos totalmente longe dele. Mas esperamos que estas transcrições, e os comentários que fizemos um ao outro sobre os sermões, ajudem-no a ver como os princípios que argumentamos neste livro são utilizados em nosso próprio ministério de pregação.

O primeiro sermão, pregado por Greg, é intitulado "Vós intentaste o mal, porém Deus..." Na forma de uma exposição de 14 capítulos inteiros de Gênesis e pregado em dezembro de 2010, este sermão é uma consideração da vida de José. O segundo sermão, pregado por Mark, é intitulado "Jesus foi desamparado por seu Pai". Pregado em abril de 2011, é uma exposição do relato de Marcos sobre a morte de Jesus na cruz. Esperamos que ambos os sermões sejam não somente instrutivos, mas também edificantes para você enquanto os lê.

Sermão Um

"VÓS INTENTASTE O MAL, PORÉM DEUS..."

Gênesis 37-50
5 de Dezembro de 2010
Greg Gilbert

Coincidências são coisas engraçadas, não são? Elas simplesmente acontecem e nos surpreendem. E, às vezes, achamos nelas algum prazer, até mesmo admiração.

Permitam-me falar sobre uma coincidência. É um tipo de coincidência muito evidente em minha própria vida e na vida de minha esposa. Alguns de vocês saberão disto logo, porque o contamos com algum deleite e certo presságio. Mas quero que reconheçam este fato a nosso respeito e, talvez, em especial, a respeito de nossa descendência.

O segundo nome de minha esposa é Booth. Isso acontece porque o último nome de um seus avôs era Booth. Ele era descendente de um Booth especialmente famoso na história dos Estados Unidos. Alguém sabe de que Booth estou falando? Os primeiros dois nomes dele eram John Wilkes – o homem que assassinou Abraham Lincoln.

O sobrenome de solteira da minha mãe é Surrat. Alguém sabe o significado de Surrat? Poucas semanas depois de John Wilkes Booth ser morto pelas autoridades porque assassinara Abraham Lincoln, um de seus cúmplices foi enforcado em Washington por tê-lo ajudado a realizar seu plano contra o presidente. Seu nome? Mary Surrat. Sim, eu sou descendente de Mary, e minha querida esposa é descendente de John Wilkes Booth. Portanto, isso significa que as duas linhagens de um dos maiores tramas de assassinato da história americana se uniram agora em meus três filhinhos! Tenho certeza de que o Serviço Secreto está de olho neles a cada minuto de cada dia!

Mark: Este sermão era parte de uma série?

Greg: Sim, sobre todo o livro de Gênesis.

Mark: Oh! Bem, isso faz diferença. Você não disse isso. Teria sido bom dizê-lo. Pessoas que acabaram de chegar em sua igreja e não sabem o que está acontecendo ficarão em dúvida. Dizer em que altura você está da série ajudará pessoas que estão ali casualmente.

Mark: Você tem uma boa introdução aqui, mas poderia ser melhor.

Greg: Eu sei. Eu sei. Foi um tanto descartável. Foi pobre, não?

Mark: Não! Apenas achei que poderia ter sido melhor. Você sabe como?

Greg: Como?

Mark: Por dizer que você conheceu Moriah aqui mesmo, em Washington DC, a algumas quadras do lugar em que Abraham Lincoln foi assassinato e Mary Surrat foi enforcada.

Greg: (Risos)

Mark: Ela foi enforcada a apenas algumas quadras daqui, você sabe? Exatamente onde a Suprema Corte agora está situada.

Greg: Eu não sabia disso. Pensava que havia sido lá em Virgínia.

Mark: Se você tivesse seu PhD, saberia disso.

Greg: (Risos) Oh! Então, é assim que as coisas vão ser entre nós?

Mark: Bem, de qualquer maneira, a introdução foi boa. Pode atrair as pessoas para a mensagem.

Greg: Você coloca coisas mais pesadas na introdução – coisas teológicas e filosóficas.

Mark: Às vezes. Sim, geralmente. Mas a acessibilidade e o conhecimento dos fatos em sua introdução são muito bons. Apelarão a muitas pessoas, aspectos nos quais a minha pode ser mais restrita.

Greg: Eu tento usar introduções, como você diz, como um funil, para atrair as pessoas para a mensagem. Mas eu faço mais por atenção do que por ideias, eu acho.

Mark: Eu achei que você fez muito bem. O que você não fez, com esse tipo de introdução, foi remover objeções. Frequentemente, o que eu tento fazer é estabelecer minha entrada de uma maneira que diminua as defesas dos ouvintes. Então, o que alguns tentam fazer com humor, eu tento fazer com entendimento. Tento diminuir as defesas para que eles saibam que o homem no púlpito ouviu as preocupações deles e as entende, sente o fardo e os remove.

Greg: Sim, você faz aplicações bem no começo, mas tende a apelar aos não cristãos logo no início, mais do que qualquer outra coisa.

Mark: Sim, eu faço isso realmente.

Mark: Em sua maneira – você foi claro, expressou-se em voz alta, falou rapidamente. Você teve boa vitalidade...

Greg: Espere, espere. Falei rápido *demais* ou com *boa* rapidez?

Mark: Com boa rapidez. Certa vez, um amigo me disse, depois de me ouvir pregar pela primeira vez: "Aposto que as pessoas lhe dizem que você fala rápido demais, não dizem? Isso não é verdade. Isso é boa vitalidade no discurso; é a razão por que as pessoas ficam esperando ansiosamente para ouvir você, porque você tem muita vitalidade quando fala, e velocidade é uma parte disso".

Greg: Então, as pessoas lhe dizem sempre que, embora seus sermões durem uma hora, para elas não parecem durar tanto?

Mark: Sim, o tempo todo.

Greg: Para mim, também, pelo menos às vezes. Acho que isso tem algo a ver com a velocidade de falar.

Coincidência. Apenas acontece. Bem, estamos considerando nesta manhã uma história, iniciada no capítulo 37 de Gênesis, que é totalmente cheia de coincidências – pelo menos é isso que frequentemente se fala sobre a história. É uma história bem conhecida e muito amada. Vocês já ouviram deste rapaz que começou como pastor de ovelhas em Canaã e se tornou o segundo homem no governo de uma das mais poderosas nações do planeta. Pelo menos é assim que a história é geralmente entendida – a história de um pobre que ficou rico. Um jovem que chegou ao sucesso. Essa é a maneira como as pessoas falam comumente desta história de José se tornando o vizir do Egito.

Mas realmente, quando lemos a história de maneira correta e entendemos a maneira como ela se desenvolve na Escritura, vemos que não é apenas uma história de ascensão à riqueza. E o propósito não é nos fazer sentir bem pelo fato de que o rapaz se tornou bem-sucedido. De fato, a história que examinaremos hoje, com base em Gênesis, é a história do admirável poder e da soberania de Deus se manifestando na bagunça da vida humana. E nos leva a não somente ficarmos contentes por José, o rapaz maltratado que se tornou um rei, mas também a regozijar-nos e deleitar-nos com Deus e sua admirável soberania sobre toda a história.

Bem, abra sua Bíblia em Gênesis 37. Olharemos tudo desde o capítulo 37 até ao fim do livro nesta manhã, porque a coisa toda é realmente uma longa história sobre a vida de José. Obviamente, não leremos todos os capítulos envolvidos, mas lhes darei um resumo de toda a história antes de notarmos algumas coisas a respeito dela.

A maioria de vocês conhece muito bem os contornos da história de José. O capítulo 37 começa com José tendo uma série de sonhos em que sua família se prostra diante dele, e, por ser ainda jovem e não entender como isso afetaria seus irmãos, José corre até eles, depois de ter visto todos se prostrarem diante dele, e diz: "Imaginem o que sonhei. Sonhei que todos vocês, mamãe e papai um dia se prostrarão diante de mim". É claro que seus irmãos, os outros onze, ficaram enfurecidos com ele e decidiram que o matariam.

Bem, coisas aconteceram, e, quando surgiu a ocasião, os irmãos lançaram José num poço e decidiram que, em vez de matá-lo – porque não queriam o sangue em suas mãos e porque poderiam obter realmente algum ganho com o rapaz – o venderiam a um grupo de mercadores que se dirigiam para o sul, para o Egito. Combinaram um preço, entregaram José aos mercadores e ele foi para o sul, para o Egito.

Chegando ao Egito, José foi comprado pelo capitão da guarda de Faraó, um homem chamado Potifar. No devido tempo, porque Deus abençoou José em seu serviço a Potifar, este o colocou como responsável por toda a sua casa. Assim, José trabalhou na casa de Potifar, tendo grande sucesso, até o dia em que a esposa de Potifar começou a tentar fazer que José pecasse com ela. Numa das ocasiões em que tentou levá-lo ao pecado, ela o agarrou pela túnica, mas José fugiu da casa. É claro que ela lançou toda a culpa da situação em José. Ela não assumiu nenhuma responsabilidade pelo pecado e disse a Potifar, seu marido: "Foi José quem fez isso. E veja: eu tenho a prova aqui, as vestes dele". Bem, Potifar, não sabendo a verdade, lançou José na prisão.

Logo depois, dois outros oficiais – o padeiro-chefe e o copeiro-chefe de Faraó – foram lançados na prisão, onde José estava. Em poucos dias, ambos tiveram sonhos. Eles não sabiam como interpretá-los. Por isso, falaram a José sobre os sonhos, e José lhes disse: "Eu posso interpretar os sonhos para vocês. E realmente não sou eu quem faz a interpretação, de modo algum; é Deus. É o Senhor quem pode interpretar esses sonhos. Mas deixem-me dizer-lhes o que significam os sonhos. Eles significam realmente a mesma coisa, embora cheguem a fins diferentes". "Vocês dois", disse-lhes José, "terão a cabeça levantada. Para você, copeiro-chefe, ter a cabeça levantada significa que será restaurado ao seu cargo. Servirá a Faraó novamente. Tudo lhe sairá bem. Mas, para você, padeiro-chefe, sua cabeça será levantada também, mas de maneira diferente. Sua cabeça será levantada porque Faraó irá executá-lo e pendurá-lo numa forca".

Bem, três dias depois, no aniversário de Faraó, tudo aconteceu exatamente como José dissera. O copeiro-chefe foi restaurado ao seu cargo e começou a servir de novo a Faraó. O padeiro-chefe foi executado, mas o copeiro-chefe esqueceu tudo a respeito de José e o deixou na prisão onde Potifar o colocara.

Dois anos se passaram, e Faraó teve uma noite mal dormida em que teve dois sonhos que não conseguiu interpretar. Ora, o copeiro-chefe, que havia dois anos estava de novo a serviço de Faraó, lembrou: "Oh! Há um homem na prisão que foi capaz, com a ajuda de Deus, de interpretar meus sonhos. E aconteceu exatamente como ele disse.

Então, por que não o chamamos da prisão, ó grande Faraó, e lhe pedimos que interprete os dois sonhos que você teve nesta noite mal dormida".

Assim, eles buscaram José na prisão. Faraó lhe contou os sonhos e José os interpretou para ele. José disse: "Os sonhos são idênticos. Têm formas diferentes, mas significam exatamente a mesma coisa. Haverá sete anos de admirável abundância no Egito. Vocês terão mais alimentos do que saberão o que fazer com eles. Depois desses sete anos, haverá sete anos de grande fome; e o povo do Egito morrerá de fome, a menos que você coloque um homem sobre os recursos do império, para coletar o cereal nas cidades, guardá-lo em armazéns e estocarem alimento, para que possam atravessar os sete anos de fome". Faraó ficou admirado com a interpretação de José e com o plano que ele tinha para atravessarem os sete anos. Por isso, o designou como o que chamamos vizir do Egito; e isso significava que a única diferença entre Faraó e José, o vizir, era o próprio trono. José tinha toda a autoridade no Egito, mas não tinha o título de rei ou o trono real.

Assim, José começou sua obra de recolher cereal do povo e estocá-lo nas cidades durante os sete anos de abundância, para que tivessem abundância de alimento para os sete anos de fome. Quando a fome chegou, lá em Canaã os irmãos de José, os quais antes o haviam vendido como escravo, foram instruídos por seu pai a descerem ao Egito, porque ouviram, lá na distante Canaã, que o Egito tinha alimento, por causa do que José fizera em sua obra de estocar cereal. Por isso, os irmãos de José desceram ao Egito. E se encontraram com o homem que tinha toda a autoridade sobre a questão, mas não o reconheceram como José. José os reconheceu, mas eles não o reconheceram.

Bem, José lhes vendeu cereal, mas, no processo, deteve um dos irmãos, Simeão, até que os outros irmãos voltassem a Canaã, pegassem o irmão mais novo, Benjamim, e o trouxessem ao Egito, porque José queria ver seu irmão mais novo, Benjamim. Se vocês lembram, eles eram os únicos dois nascidos de Jacó e Raquel. Por isso, José quis ver ser irmão pleno. Assim, ele os mandou de volta para Canaã.

Os irmãos voltaram para Canaã e contaram a Jacó o que aquele homem — o vizir do Egito — falara. "Ele deteve nosso irmão Simeão", disseram, "mas quer que levemos Benjamim, e depois nos venderá mais cereal e nos deixará partir". Jacó disse não por um tempo, mas, por fim, eles ficaram sem alimento, e Jacó falou: "Muito bem, podem levar Benjamim para o Egito e o mostrem àquele homem. Depois, comprem mais cereal e tragam-no de volta para Canaã". Os irmãos de José apareceram outra vez no Egito, mas com Benjamim, e José viu seu irmão e ficou emocionado por vê-lo. Depois, ele convidou todos os irmãos para jantarem.

Ora, José decidiu prová-los para ver se ainda era tão odiosos e egoístas quanto haviam sido com ele. E, clandestina e secretamente, pegou um copo de prata de sua própria mesa e mandou colocá-lo na bolsa de Benjamim, enviando-os de volta para Canaã. Poucas horas depois, José disse aos seus servos, seus próprios soldados: "Quero que vocês os persigam, detenham e vejam se há qualquer coisa em suas bolsas".

Assim, os servos de José perseguiram os irmãos enquanto retornavam para Canaã, e começaram a investigar as bolsas que eles levavam. E um dos irmãos disse aos homens que os perseguiram: "Escute, não roubamos nada de vocês. E, se acharem alguma coisa em qualquer das bolsas, aquele a quem pertence a bolsa será escravo de vocês. Nós o entregaremos". Mas, é claro, eles vasculharam as bolsas e o que acharam? Acharam o copo de prata na bolsa de Benjamim. Por isso, voltaram para trás e se dirigiram novamente para o Egito. E José lhe disse: "Vou ficar com Benjamim como escravo".

Bem, um dos irmãos de José, Judá, havia dito a seu pai, quando tencionavam voltar ao Egito: "Olhe, eu me colocarei como garantia por Benjamim. E, se eu não trouxer Benjamim de volta para você, pode me atribuir a culpa por isso pelo resto de minha vida". Por isso, quando o vizir disse que iria manter Benjamim como seu escravo, Judá se adiantou e reconheceu o que aquilo significava para ele. E disse para o vizir: "Ó grande e poderoso Senhor, permita-me dizer-lhe o que falei a meu pai. Eu disse a meu pai que, se não levasse Benjamim de volta, ele poderia me culpar pelo resto de minha vida".

José, o grande vizir, foi tomado de emoções. Compreendeu que Judá havia mudado, que estava disposto a dar-se a si mesmo no lugar de Benjamim, para ficar como escravo do vizir e permitir que Benjamim retornasse para o pai. José viu que algo estava acontecendo na vida de Judá; ele não suportou mais, chorou e se revelou a seus irmãos. E disse: "Eu sou José. Sou aquele que vocês venderam à escravidão. E isto é o que o Senhor fez comigo".

Bem, depois disso, José chamou toda a família para morar no Egito, e eles resistiram à fome. José pegou o cereal do povo e o vendeu de volta para eles, que também resistiram à fome. O fim da história é quando Jacó abençoa os dois filhos de José, Efraim e Manassés, e, depois, abençoa seus doze filhos, antes de morrer. Quando Jacó morre, lá no capítulo 50, José faz uma comitiva do Egito para sepultar seu pai. Depois, José vive mais 60 anos no Egito e morre. Depois, a última linha do livro diz que ele foi embalsamado e colocado num caixão, no Egito.

Mark: Você recapitulou toda a história de José no começo do sermão e levou dez minutos para fazer isso. Não sei se precisava ter sido tão longo. É uma história muito bem conhecida, e você a recapitulará quando entrar no resto do sermão. Então, achei que você poderia ter sido um pouco mais curto.

Greg: Você sabe, isso era apenas dois parágrafos curtos em minhas anotações. Não era muito longo, de maneira alguma. Apenas falei mais do que havia escrito!

Mark: Sim, eu sei como isso acontece.

Greg: Você se prende realmente ao seu manuscrito, não é?

Mark: Intermitentemente.

Greg: Porque seus manuscritos são 13 páginas, não é?

Mark: 9 a 13.

Greg: Os meus são 4. De 3 a 4. O que acha que isso diz?

Mark: Acho que diz que você é confiante e se repete muito.

Greg: (Risos) Certo. Você está dizendo que fiz muito aqui? Que me repeti muito?

Mark: Não, você não se repetiu.

Greg: Ah! Legal!

Então, esta é a velha história contada rapidamente. É, na verdade, um longa e envolvente história. Espero que vocês tenham tido tempo de lê-la nesta semana passada, antes de virem à igreja. Mas, conforme penso, eis a principal ideia da história de José e de sua ascensão ao governo do Egito. A principal ideia, conforme penso, a coisa que esta passagem se esforça, repetidas vezes, desde o começo até ao fim, para nos ensinar é que devemos admirar o poder de Deus e descansar em sua soberania.

Agora, quando falamos mais sobre esta história, quero que nos focalizemos em três coisas baseadas na história e, portanto, três pontos neste sermão específico: (1) a absoluta soberania de Deus; (2) a confiança tranquila de José e, depois, (3) a surpreendente irrelevância de José. (Vocês terão de me acompanhar até ao fim para entender isso. Vi várias cabeças se levantando quando disse isso. Sim, eu não disse relevância; eu disse irrelevância.) Portanto, a absoluta soberania de Deus, a confiança tranquila de José e, depois, a surpreendente irrelevância de José.

Mark: Você tinha três pontos no sermão e os fez com muita clareza. Numa conferência semanas atrás, um amigo me criticou por esse tipo de sermão simples sobre Salmo 4. Por sermão simples, quero dizer que fiz o esboço muito claro, com os pontos bem perceptíveis. Ele disse que trabalha árduo para ocultar totalmente o esboço para que ninguém o perceba, e, assim, seja difícil alguém tomar notas e o sermão seja uma narrativa sem conexões que atrai as pessoas ao longo da pregação.

Greg: Uau! Sim, eu digo aos rapazes que *não* façam isso.
Mark: Então, você é da escola de pregação antiquada?
Greg: Sim! Acho que a pregação com pontos claros dá segurança às pessoas. Em caso contrário, acho que as pessoas ficam propensas a divagarem, pois não há nada em que podem firmar os pensamentos.
Mark: Concordo. Também acho que isso torna mais fácil as pessoas ouvirem por mais tempo, porque lhes dá indicadores para que saibam onde estão.
Greg: Sim, embora em meus sermões o primeiro ponto seja tipicamente *muito mais* longo do que os outros, acho que isso é apenas uma falha de minha parte.
Mark: Bem, neste sermão o primeiro ponto foi muito mais longo do que os outros.
Greg: Sim, isso é característico.
Mark: Foi o que eu ouvi... Tomou vinte minutos... Achei que o esboço foi bom, aliás, os três pontos.

Então, o primeiro ponto do sermão: a primeira coisa que este texto está se esforçando para nos mostrar é a absoluta soberania de Deus. Se há algo nesta história que se destaca como tema principal é o fato de que cada etapa na história, cada evento minúsculo e aparentemente insignificante acontece sob a direção de Deus. Ele está superintendendo meticulosamente cada um dos eventos para produzir certo resultado, um resultado específico que ele quer que aconteça.

Isso, de fato, é a razão por que José tem estes sonhos no capítulo 37. Ele tem os sonhos dos feixes de trigo inclinando-se diante do feixe que ele recolhera no campo e, depois, tem outro sonho, em que o sol, a lua e onze estrelas se inclinam perante ele. E o ensino é que Deus tem a intenção de fazer isso acontecer, fazer que, no final, a família de José se prostre diante dele.

Ora, se isto fosse apenas uma história de um pobre que ficou rico, se tudo isto fosse apenas uma história de um menino de rua que atingiu o sucesso, então os sonhos não serviriam a nenhum propósito. De fato, seriam até desestimulantes do clímax da história. Quero dizer: vocês podem imaginar se estivesse assistindo a um filme que Hollywood produzira, e, já no começo do filme, as cenas lhe contassem todo o final? Não há nenhuma mudança no final. Nenhuma. Ali, bem no começo, nos dois primeiros minutos do filme, eles exibem os últimos vinte minutos do filme.

Certa vez, minha esposa e eu fomos assistir a um filme. Pensávamos ter ido à sala de cinema correta e nos sentamos. Sabíamos que estávamos um pouco atrasados; pensávamos em termos de dois minutos. Por isso, nos sentamos para assistir ao filme, e coisas estavam acontecendo, e estávamos pensando. "Uau! Isto parece estar resolvendo uma porção de problemas logo no início". Bem, aconteceu que entramos na sala de cinema errada. E logo os créditos começaram a ser exibidos. E ficamos totalmente chocados porque havíamos acabado de ver os últimos quinze minutos do filme. Bem, saímos e achamos a sala de cinema correta. Mas vocês podem perceber como isso estragou a história.

Se esta passagem bíblica fosse apenas uma história de um pobre que ficou rico, não haveria objetivo nos sonhos. Mas, se esta história tivesse o propósito de nos ensinar – e talvez especialmente até de ensinar a José e a seus irmãos – que Deus é absolutamente soberano sobre cada detalhe, que ele está nos levando adiante para atingir certa conclusão, então os sonhos são cruciais. É Deus decidindo o que será feito. Ele o fará, e a glória será dada a Ele porque os sonhos se tornam realidade. Isso é a razão por que os sonhos estão ali.

Mark: Achei que a ilustração de você e Moriah indo ao cinema foi muito boa.

Isto é também o que José quis dizer com aquele grande afirmação de resumo no capítulo 50, versículo 20. Abra sua Bíblia nesta passagem, porque é o alvo de toda a história. Tudo nesta história está cooperando para chegar ao capítulo 50, versículo 20. Este é o ponto da história. No capítulo 50, versículo 15, os irmãos de José estão amedrontados. Seu pai está morto, e eles acham que a única coisa que impedia José de matá-los era o fato de que seu pai não gostaria muito que José fizesse isso. Assim, eles mandam uma carta a José e, de fato, mentem para ele, nos versículos 16 a 18. Os irmãos de José dizem: "Olhe, foi nosso pai quem disse realmente que você deveria nos perdoar. Então, se você ama seu pai, não nos mate".

Mark: E acho que sua indicação de Gênesis 50.20 foi teologicamente correta.

Bem, José ignorou isso. Vejam no versículo 18 o que ele disse: "Não temam; acaso, estou no lugar de Deus?" E, depois, no versículo 20: "Vocês intentaram o mal contra mim; porém Deus o tornou em bem, para fazer que muitas pessoas se conservassem vivas, como veem agora".

Agora, observem cuidadosamente as palavras desta afirmação: "Vocês *intentaram* o mal contra mim; porém Deus o *tornou em* bem". Sabe o que isso nos diz? Deus *havia planejado* tudo aquilo para o bem. Não aconteceu que ele pegou os limões que não esperava achar e fez uma boa limonada com eles. O texto nos ensina que Deus *planejou* que tudo isso acontecesse. Deus planejou que a família de José – que seu povo escolhido – estivesse, por fim, no Egito; e, para isso, planejou que José ocupasse uma posição de vizir do Egito, para trazer a família ao Egito. E, para que isso acontecesse, Deus planejou que José fosse primeiramente para o Egito. Assim, quando esses irmãos tentaram fazer o mal, quando tentaram acabar com os sonhos de José e assegurarem-se de que os sonhos nunca aconteceriam, estavam fazendo exatamente o que Deus queria que acontecesse.

Podemos ver a meticulosa soberania de Deus aqui, em cada detalhe da história. Podemos ver a soberania de Deus no fato de que os irmãos de José decidiram, por capricho, não matá-lo, por que tiveram medo de ficar com as mãos sujas de sangue. Podemos vê-la no fato de que a primeira caravana que passou se dirigia para o Egito e não para o norte. E eles decidiram vender José. Podemos vê-la no fato de que, dentre todos os milhões de egípcios, José foi vendido a Potifar, o homem que era encarregado de uma prisão de alto escalão, onde os oficiais de Faraó provavelmente estariam. Podemos vê-la nas mentiras da esposa de Potifar que resultara na prisão de José. Podem vê-la nos sonhos que o copeiro e o padeiro tiveram.

Vocês sabem qual era a importância dos sonhos do copeiro e do padeiro? Não era que Deus estava interessado em dizer àqueles homens específicos o que aconteceria com eles no futuro. Isso não era o que Deus estava fazendo. Ele revelou os sonhos para que o copeiro lembrasse que José era capaz de fazer isso quando Faraó tivesse seus sonhos. Até no que diz respeito aos sonhos de Faraó, a importância deles não era tanto advertir Faraó sobre a vinda da fome. Não, não era isso. Não era também que Faraó tomasse as medidas corretas para salvar o povo do Egito da fome. Deus deixou muitas nações *não* estocarem alimento para o tempo de escassez. A importância era que Deus queria que o copeiro lembrasse que José podia interpretar sonhos. E Deus queria que Faraó ouvisse isso, que Faraó chamasse a José, que José interpretasse os sonhos, que Faraó colocasse José numa posição de poder para que trouxesse sua família para lá. Em detalhes meticulosos, tudo estava sendo dirigido pela mão de Deus.

Mark: Achei legal seguir você em todos os detalhes da meticulosa soberania de Deus.

Ora, isso suscita uma pergunta, não? "Realmente? Falando sério, você está dizendo que Deus é soberano em tudo, até na ação de os irmãos venderem José à servidão, para um grupo de mercadores midianitas que se dirigiam para o Egito? Você está dizendo realmente que Deus é soberano até sobre isso?"

Essa é uma pergunta importante, não é? Porque há uma parte de nós, quando pensamos nisto, que raciocina: "Você sabe, eu me pergunto se não seria realmente melhor pensar que algumas coisas estão fora do controle de Deus. Pensar que ele não é soberano sobre todas as coisas não o tornaria um ser moralmente melhor? Não seria mais fácil eu acreditar nele se pudesse apontar para algumas coisas que acontecem e dizer: 'Não, Deus foi tão surpreendido por isso quanto eu. Não, Deus não estava com a mão nisso. Deus não é soberano sobre isso. Ele foi surpreendido e entristecido por isso. Ele não é soberano sobre isso'. Isso não seria melhor?" Bem, esta passagem é realmente uma das mais importantes da Bíblia por considerar questões como esta – a soberania de Deus e a maneira como ela se relaciona com nossa própria experiência de fazer escolhas reais e genuínas e ter responsabilidade por essas escolhas.

Há duas coisas que acho devemos aprender disto. Há duas coisas que precisamos ver com bastante clareza a partir desta história, e que devemos manter juntas como sendo ambas verdadeiras. Então, precisamos fazer um pouco de teologia aqui e examinar o que a Bíblia diz e o que o livro de Gênesis está nos dizendo a respeito da soberania de Deus sobre estes eventos. Sendo assim, permitam-me fazer duas afirmações que vocês deveriam entender que são totalmente verdadeiras, mas que, apesar disso, não serão capazes de ver como se harmonizam com exatidão.

Primeiramente, Deus é realmente soberano sobre os ações dos irmãos de José. Ele é. Tudo se realiza pela direção de Deus.

E José não teve dúvida quanto a isso, de modo algum. Já vimos, em Gênesis 50.20, o que José disse: "Vocês intentaram o mal contra mim; porém Deus o tornou em bem". E, também, um pouco antes, em 45.5-7, quando José estava falando com seus irmãos: "Deus me enviou adiante de vós". E, depois, no versículo 8, quando ele disse: "Não foram vocês que me enviaram para cá; foi Deus". Percebem: José sabia, do fundo de seu ser, que Deus era realmente soberano sobre a ação de seus irmãos em venderem-no. Essa é a primeira afirmação.

A segunda afirmação é que os irmãos de José eram totalmente responsáveis por suas ações. O fato de que Deus ordenou certas ações, desde o começo, e as fez acontecer da maneira como tencionava que acontecessem não muda o fato de que os irmãos de José tinham responsabilidade por suas ações. A Bíblia os considera responsáveis por elas, repetidas vezes. Gênesis 37.11 diz que eles eram invejosos. Gênesis 37.4-5 e 8 diz que eles odiavam José. E um dos principais temas que permeia a história – e podemos vê-lo em quase todas as partes – é que os próprios irmãos de José reconheceram sua culpa. Sabiam que eram culpados e ficaram com medo de morrer por causa disso. E quando viram o dinheiro nos sacos de cereais, depois que os abriram, eles pensaram: "Deus está nos perseguindo!" Ora, essa não é uma reação normal para alguém que acha dinheiro. Mas foi o que eles pensaram porque tinham uma consciência culpada; sabiam que o que haviam feito era errado. Sabiam que eram responsáveis pelo que fizeram e pensaram que Deus estava finalmente começando a puni-los.

Mark: As duas lições sobre a soberania de Deus e a responsabilidade humana foram um ensino básico muito bom. Você fez um bom trabalho, eu acho, de considerar a impiedade das ações dos irmãos de José – como as Escrituras atribuem moralidade às ações deles e como há uma culpa moral atribuída a eles.

Greg: E o medo que eles sentiram, na história, aponta para a sua culpa.

Mark: Sim, está correto.

Essas são as duas afirmações. Deus é soberano sobre as ações dos irmãos de José, e eles são responsáveis por suas ações. Ora, reconheço que é muito difícil conciliar estas duas coisas. Mas vocês veem estas duas verdades sendo confirmadas em toda a Bíblia. Por exemplo, no começo da história em Êxodo, lemos que Deus afirmou que endureceria o coração de Faraó: "Eu lhe endurecerei o coração, para que não deixe ir o povo" (Êx 4.21). Depois, o texto nos diz repetidas vezes: "Endureceu Faraó o coração" (Êx 8.32).

Em 2 Samuel, a Bíblia diz que o Senhor incitou a Davi para fazer o censo do povo, como meio de trazer juízo sobre o povo. E, depois de o censo ter sido realizado, Davi declarou: "Eu é que pequei". Vocês percebem: Deus o incitou a realizar certo propósito, mas Davi reconheceu sua responsabilidade: "Eu é que pequei". Percebem? Nada, nem uma única coisa nessas histórias, nem uma única coisa no mundo, nem no universo, está fora da soberania de Deus. E, apesar disso, nós, seres humanos, somos responsáveis pelo que fazemos.

Um pouco antes no culto, lemos Atos 4, e vocês viram que isto é verdadeiro até no maior ato de maldade que já aconteceu na história da humanidade – a crucificação de Jesus. Não sei se vocês observaram isso na leitura da Escritura, mas pensem outra vez especificamente em Atos 4.27, que nos diz que os crentes oraram: "Verdadeiramente se ajuntaram nesta cidade contra o teu santo Servo Jesus, ao qual ungiste, Herodes e Pôncio Pilatos, com gentios e gente de Israel". Vocês notam o que os cristãos estavam dizendo: eles se ajuntaram contra o teu Ungido. Eles se ajuntaram, estavam contra Jesus, e o crucificaram, e foram responsáveis e culpados por isso. Mas observaram o que diz a frase seguinte? Eles fizeram "tudo que a tua mão e o teu propósito predeterminaram" (v. 28). Foram responsáveis, mas Deus é soberano.

Mark: Sempre é bom recorrer a Atos para mostrar a soberania divina e a responsabilidade humana.

Ora, o que fazemos com isso? Sabemos que estas duas coisas são verdadeiras. Sabemos que ambas são ensinadas na Escritura, mas o que fazemos com elas? Por que são importantes? O que fazemos com nosso coração em face de algo como isto, algo que não podemos nem entender?

Bem, por um lado, humilhamo-nos. Humilhamo-nos e ficamos quietos. Permanecemos em temor de um Deus como este, que é soberano sobre cada átomo no universo. Nada se move à parte de sua soberania e de sua ordenação. "Fique quieto", diz Deus, "e saiba que eu sou Deus".

Muito frequentemente, como seres humanos, temos uma tendência de pensar que, se duas coisas não fazem sentido para nós agora, neste momento específico, elas não podem jamais fazer sentido para quem quer que seja e, por isso, são desnecessárias. Vocês já perceberam isso? Já notaram que, ao se depararem com duas coisas diferentes – talvez seja a soberania de Deus e a responsabilidade humana, talvez seja outra coisa – e se sua mente não pode conciliá-las agora mesmo, desistem delas e proferem um julgamento universal, dizendo: "Bem, isso não pode ser; é um absurdo!" Vocês já observaram isso? Bem, permitam-me encorajá-los a terem um pouco de humildade e a reconhecerem que sua mente é finita e a mente de Deus é infinita. Humilhem-se, aquietem-se e saibam que Deus é Deus.

Sim, há uma tensão entre a responsabilidade humana e a soberania de Deus. Sabemos que há realmente uma tensão neste assunto. Sentimos essa tensão. Mas declarar que não isso não faz sentido, ou que uma das afirmações não deve ser verdadeira, ou que precisamos achar uma maneira de rejeitar uma delas – isso equivale a dizer que nossa mente deve ser tão grande quanto a mente de Deus. E não é isso que devemos fazer. Ora, não estou dizendo que não devemos pensar neste assunto. Não, certamente não; é claro que pensamos nele. Lemos a Escritura, fazemos teologia e pensamos. Há muito que eu poderia dizer aqui, realmente, sobre todos os tipos de coisas como "simultaneidade", "ordenação assimétrica" e "livre-arbítrio libertário versus livre-arbítrio compatibilista". Se tivéssemos algumas horas, eu poderia falar sobre essas coisas com vocês, e poderíamos realmente fazer algum progresso em compreender como estas duas verdades quase se cruzam. Mas, em última análise – mesmo quando pensamos em todas essas categorias teológicas realmente proveitosas e interessantes – chegamos ao ponto em que apenas nos prostramos, dobramos os joelhos e dizemos: "Eu não sou Deus. E ele não me deu a capacidade de ver como estas duas linhas se cruzam". Por isso, nos humilhamos.

Outra coisa que fazemos é que descansamos na soberania de Deus. Descansamos no fato de que nada acontece neste mundo que esteja fora do controle de Deus. Nenhum átomo perde um elétron à parte da soberania e da ordenação de Deus. Amigos, não há nenhum consolo, nenhum descanso em pensar que certas coisas nos acontecem, nesta vida, fora do controle de Deus. Não há consolo nisso. Quando algo vem contra nós, quando o mal está sendo perpetrado contra nós – seja o mal humano, seja apenas as circunstâncias da vida – não há nenhum consolo em saber que isso está fora do controle de Deus. Porque, se há, para onde nos voltaremos? A quem recorremos para obter ajuda? O consolo está em saber que nada nos acontece senão o que procede da mão de Deus, que nos ama. É disto que vem o consolo. E, assim, descansamos na soberania de Deus.

Por fim, ficamos maravilhados com a soberania, com a majestade e com o poder de Deus. Ficamos admirados com a soberania divina. Há momentos em que ficamos em silêncio absoluto diante de um poder como esse. Vemos, reconhecemos e admitimos a coroa do universo na cabeça de Deus, prostramos os joelhos, curvamos a face e dizemos: "Ó Deus, só tu és digno".

Irmãos e irmãs, há momentos em que vocês se levantam, reconhecem e se alegram no fato de que o rosto em que a coroa se assenta está sorrindo para vocês porque são filhos desse Rei? Vocês entendem o poder disso? Entendem o poder que Deus tem? Entendem, também, o fato de que aquele que governa sobre todas as coisas é o Deus que deu sua vida para salvá-los? O Deus que segura nas mãos o cetro de todo o universo é o Deus que estende suas mãos para que um prego-cravo a atravessasse por causa de seu amor por vocês. Paulo escreveu em Romanos: "Se Deus é por nós, quem será contra nós?" (8.31). A resposta: nada e ninguém, porque o Senhor do universo é o Senhor que ama vocês e está fazendo todas as coisas trabalharem juntas para o seu bem. Esse é um pensamento maravilhoso.

Mark: Agora, eu lhe direi o que acho ter sido o ponto mais confuso de seu sermão. Você começou a aplicar este ponto da "absoluta soberania de Deus" com esta seção a respeito de nos humilharmos, descansarmos na soberania de Deus e, depois, ficarmos admirados dela.
Greg: Sim.
Mark: Mas fiquei me perguntando: "Quem, onde, como?" Eu o perdi no começo do segundo ponto? Porque o segundo ponto é "a confiança tranquila de José". É a resposta dele à soberania de Deus. Então, pensei que era confuso ter esses pontos aqui, em vez de...

Greg: Certo, porque eles são o segundo ponto. Sim. Bom argumento.
Mark: As reflexões são, em si mesmas, excelentes. Todas elas são respostas supremas à soberania de Deus.
Greg: Então, seria bom, você acha – se o segundo ponto é a aplicação do primeiro – apenas seguir para ele e não *aplicar* o primeiro ponto?
Mark: Correto. Isso é correto. Seria muito menos confuso.
Greg: Certo.

Deus é soberania absoluta. Esse é o primeiro ponto.

Segundo, a confiança tranquila de José. A confiança tranquila de José. Vemos isso em toda a história. Desde o tempo em que ele teve os sonhos até às circunstâncias pelas quais seus irmãos e Potifar lhe fizeram passar, José parecia ter uma confiança admirável no fato de que Deus é soberano sobre tudo que acontece. E não era óbvio para ele, em todo o tempo, tudo que iria acontecer. O que ele pensou, quando estava no fundo daquele poço, e seus irmãos, lá no topo, jantavam juntos e tentavam decidir se iriam matá-lo ou iriam vendê-lo? E quando, depois, o tiraram do poço e começaram a negociar com os mercadores midianitas e o colocaram na carroça e o enviaram para o sul? José deve ter pensado: "Eu nunca verei meu pai de novo?" Vejam: José não sabia o fim da história como nós o sabemos.

José foi preso e definhou por dois anos. Isso não é uma ascensão meteórica ao topo do Egito. Não aconteceu que José foi conduzido por um maravilhoso cortejo de anjos que apenas o levaram avante e, de repente, ele se tornou o rei! Não, José passou *dois anos* definhando na prisão, pensando que Deus o havia esquecido. Mas ele nunca perdeu a fé em Deus. Até em meio a todo o revés, José serviu bem e de coração a Potifar. Serviu bem e de coração até na prisão. Ele não perdeu sua integridade com a esposa de Potifar e cuidou para que o copeiro, o padeiro e o próprio Faraó soubessem que a interpretação de sonhos não vinha dele mesmo; vinha de Deus. José permaneceu fiel a Deus em tudo isso.

Acho que José, em sua confiança tranquila em Deus, até em meio dessas circunstâncias inacreditáveis, é um bom modelo para nós como cristãos. Por um lado, uma das maneiras em que José é um bom modelo é que, como ele, precisamos decidir aqui e agora que confiaremos em Deus apesar das circunstâncias e obedeceremos a Deus apesar de suas circunstâncias. Mesmo quando olhamos para a vida, no passar dos anos, e não vemos qualquer bênção se manifestando, permanecemos fiel a Deus.

Quão fácil, quão tentador teria sido para José olhar para a circunstância, estando no Egito, e pensar: "Sonhos frustrados! Nada daquilo aconteceu! Meus irmãos deveriam se inclinar diante de mim, e agora aqui estou eu, a milhares de quilômetros de distância, na casa de um egípcio, servindo-o. Eu desisto!" E, depois, ter abraçado toda a vida egípcia. Quão fácil teria sido para ele fazer isso? Ou, sentado na prisão, como teria sido fácil para José dizer: "Estou farto disto – este negócio de fé em Deus, todas as promessas que Deus falou que me daria. Estou aqui por dois anos, e o que o Senhor fez? Nada. Ainda estou aqui".

Amigos, seria fácil nós fazermos isso também, em certos momentos de nossa vida. "Deus, eu tenho esperado em ti. Tenho procurado ser paciente. Tenho mantido uma boa atitude e tenho dito coisas boas a teu respeito por anos. E veja aonde isso me levou. Ainda estou onde estava cinco anos atrás". Ou: "Deus, tenho lutado com este pecado por anos. De coração, tenho suplicado a ti que remova de mim esta tentação. E o que o Senhor está fazendo? Nada".

Irmãos e irmãs, aguentem firmes. Mantenham-se firmes. Continuem lutando, continuem obedecendo a Deus e confiando nele. Ouçam: a providência de Deus é uma estrada longa. Às vezes, a providência de Deus é até mais longa do que a vida que levamos. Vocês compreendem isso? Há muitos cristãos que lutam, batalham e esperam durante toda a vida; e *morrem* lutando, batalhando e esperando. Eles nunca recebem aquilo de que necessitam tão desesperadamente. Pense em todos aqueles israelitas que viveram e morreram na servidão durante os 400 anos no Egito – esperando, clamando a Deus por redenção, e ela não aconteceu. E eles morreram. E a última oração que saiu de seus lábios foi: "Ó Deus, redime-nos da servidão". E morreram.

A providência de Deus é uma estrada longa. E mesmo quando ele resolve não nos dar aquilo queremos tão desesperadamente, continuamos crendo nele, amando-o e confiando nele. É como Pedro disse: "Senhor, para quem iremos? Tu tens as palavras da vida eterna".

E isso nos leva a algo mais, eu acho. Como José, precisamos aprender a ser contentes e a servir bem no lugar em que Deus nos colocou. Aprendamos a ser contentes e a servir bem no lugar em que Deus nos colocou. Achamos que José ficou emocionado em estar na casa de Potifar? Estava em um ótimo lugar, certamente. Mas achamos que ele ficou emocionado por estar ali? Quando sua família estava em Canaã e ele amava seu pai? Isso ficou evidente quando ele os viu novamente. O que José fez? Chorou. É bastante claro que tudo não estava bem em sua alma. Ele não vivia emocionado por estar na casa de Potifar. Também não ficou emocionado quando se tornou o vizir do Egito. José se derramou em lágrimas quando viu seu pai e seus irmãos. Mas ele serviu bem. Serviu bem na casa de Potifar. Serviu bem na prisão de Potifar. Serviu bem como vizir do Egito.

A verdade é que nenhum de nós, como cristão, deveria jamais ficar totalmente contente com o lugar em que estamos agora nesta vida. Não deveríamos ficar contentes com isso porque estamos aguardando outra cidade, que Deus construiu. Estamos esperando estar com Cristo, e ainda não estamos lá, e, por isso, sempre haverá alguma semente de descontentamento em nosso coração, enquanto esperamos. Mas, apesar disso, somos chamados a servir bem aqui mesmo. Onde Deus nos colocou, somos chamados a servir bem e de coração. Não negligenciemos isso. Não negligenciemos isso em nosso trabalho. Não negligenciemos isso em nossa igreja. Não negligenciemos isso em qualquer lugar que Deus nos colocou, porque este é o lugar que Deus tem para nós agora. Não o façamos mal feito porque pensamos: "Bem, não quero estar aqui. Não pedi este trabalho. Isto não é o que eu queria estar fazendo. Quero estar noutro lugar, fazendo o que gosto. E um dia Deus me levará para lá". Bem, pode ser que ele nos leve, pode ser que não. E, quanto ao agora, Deus nos colocou onde estamos. E, se ele tenciona que sejamos exaltados e sejamos um rei, ou se tenciona que vivamos até aos nossos último dias como servo de Potifar, na prisão, este é o lugar que ele deseja para nós agora. Então, sirvamos bem ao nosso Rei e sirvamos alegremente ao nosso Rei, com uma confiança tranquila, exatamente onde ele nos colocou. Isso foi o que José fez, e isso é o que devemos fazer.

Mark: Seu segundo ponto durou apenas 18 minutos. Mas isso foi porque quase 10 minutos dele estavam incluídos em seu primeiro ponto.

Greg: Opa!

Mark: Mas você aplicou isto admiravelmente ao cristão esperar com paciência no Senhor. O ponto pastoral mais elevado do sermão foi, sem dúvida, o momento em que exortou as pessoas a confiarem em Deus e a não serem impacientes com ele. Foi nisso que você se mostrou mais emocional. Não tenho dúvida de que foi nesse ponto que você se sentiu mais entusiasmado. E não tenho dúvida de que foi neste ponto que recebeu mais comentários. Portanto (com um sinal de aprovação), coloque isso no livro.

Greg: (Risos) Eu o colocarei entre colchetes.

Então, esse é o segundo ponto. A confiança tranquila de José.

Número 3, o terceiro ponto do sermão: a surpreendente irrelevância de José. Agora, acompanhem-me porque isso é levemente exagerado. É óbvio que não tomo essa expressão, surpreendente irrelevância, no sentido absoluto. É claro que José é um elo importante na história. A história explica como Israel acabou escravizado no Egito, no início de Êxodo. Por isso, ela é um elo importante, e José não é irrelevante nesse sentido. Mas quero lhes mostrar algo que é um tanto impressionante depois de toda esta história. Gênesis, como temos estudado nas últimas semanas, é realmente a história das promessas de Deus feita a Abraão e de como essas promessas se desenvolveram na vida de Isaque, Jacó e José, certo? Essa é a história. Essa é a estrutura do livro de Gênesis. Abraão, Isaque, Jacó e José. Abraão, Isaque, Jacó, José. Essa é a história de Gênesis. Na verdade, José tem a mais longa história de todos eles, certo? Catorze capítulos em Gênesis. Ele é o único homem, entre eles, que acaba sendo um rei. Abraão, Isaque, Jacó José.

Agora, vamos até Mateus 1, porque desejo lhes mostrar algo realmente impressionante. É a genealogia de Jesus, que, afinal de contas, é aonde tudo isso conduz. Todas as promessas feitas a Abraão – falamos sobre isso durante várias semanas – são, em última análise, todas direcionadas para Jesus. Abraão, Isaque, Jacó, José. Abraão, Isaque, Jacó, José. Veja em Mateus 1.2-3: "Abraão gerou a Isaque; Isaque, a Jacó; Jacó, a *Judá* e a seus irmãos; Judá gerou de Tamar a Perez e a Zera".

Não há menção de José. Ele nem mesmo aparece na lista. Catorze capítulos em Gênesis, a ascensão ao posto de segundo no comando de todo o Egito, mas José é pulado e ignorado aqui. Ele é surpreendentemente irrelevante quando o fato é realmente, realmente importante.

Acho que isso é apenas outro lembrete, para nós, da soberania de Deus. De fato, toda a história dos doze filhos de Jacó é uma tela enorme, bela e embaralhada em que Deus pinta as palavras "Não fostes vós que escolhestes a mim; pelo contrário, eu vos escolhi a vós outros". Em cada rodada da história, a pergunta é: "Bem, as promessas começaram com Abraão, passaram a Isaque, depois, para Jacó. Jacó teve doze filhos. Sobre qual dos doze filhos recairão agora as promessas?" É uma história imensa e complexa, e o que esperaríamos acontecer, repetidas vezes, *não acontece*. E o que *nunca* esperaríamos que acontecesse *acaba acontecendo*.

Mark: O seu terceiro e mais curto ponto, "a surpreendente irrelevância de José", foi um ponto maravilhoso. Foi muito bom voltar-se a Mateus 1. Foi extremamente bem feito – bastante encorajador, biblicamente correto. "Deus não quer que sua confiança esteja num plano, e sim nele" – seria assim que eu encurtaria e melhoraria o que você disse..

Greg: (Risos)

Quem vai possuir as promessas? Depois, em vários capítulos de Gênesis, o desenvolvimento da história é um jogo de alternância entre eles. As promessas recaem sobre um homem, e, depois, algo acontece e o invalida. Ele perde as promessas. Em seguida, as promessas recaem sobre outro homem, ele corre na direção errada e fica invalidado. E ficamos nos perguntando: "Sobre quem as promessas repousarão?"

Começamos a pensar: "Bem, deve ser o primogênito, ou seja, Rúben. Mas descobrimos no capítulo 35 que não é Rúben. Ele peca e é rejeitado. Portanto, não é o primogênito. Então, que tal o segundo ou o terceiro filho, Simeão e Levi? Oh! não são eles, pois acabam pecando e são rejeitados. E que tal o quarto filho, Judá? Pensamos: "Bem, talvez". Um, dois, três já foram rejeitados, agora é a vez do quarto, e lemos a história um pouco mais e pensamos: "Sim, talvez seja Judá. Judá está indo bem". Mas, então, chegamos ao capítulo 38. Talvez não seja Judá. Certo, e que tal o filho favorito, José? Sim, ele é o homem que procuramos! É José. Vejam: temos 14 capítulos sobre José, ele recebe aquela túnica colorida e tem aquela aparência de realeza. E, então, lá vai ele! Lá vai ele! De repente, José se torna rei do Egito e pensamos: "Sim, tem de ser ele! As promessas estão recaindo sobre José". E, depois, chegamos ao capítulo 49 de Gênesis e descobrimos – maravilha das maravilhas! – não é José. É Judá, o quarto filho. Aquele que pecou.

Vejam no capítulo 49, versículos 8 a 10. Ali está Jacó abençoando todos os seus filhos. E, surpreendentemente, isto é o que ele diz a Judá:

> "Judá, teus irmãos te louvarão; a tua mão estará sobre a cerviz de teus inimigos; os filhos de teu pai se inclinarão a ti. Judá é leãozinho; da presa subsiste, filho meu. Encurva-se e deita-se como leão e como leoa; quem o despertará? O cetro não se arredará de Judá, nem o bastão de entre os seus pés, até que venha Siló; e a ele obedecerão os povos".

Percebem, todos os filhos estão ali, certo? Todos os doze filhos estão ali; e estão sendo abençoados. E lá está José no final da fila, número 11, vestido de trajes reais do Egito. E cada um ao seu redor está pensando: "Sim, nos inclinaremos a José". Jacó abençoa Rúben, Simeão e Levi, e todos esperam que ele abençoe a Judá da mesma maneira, mas Jacó diz: "Judá, o cetro não se arredará de ti, até que venha aquele que tem sido aguardado, Jesus Cristo".

Percebem, Deus é soberano. Ele faz o que quer. Não podemos saber o que a providência de Deus tem adiante. Precisamos entendê-la olhando para trás. Nunca, nunca digamos: "Isto é o que Deus reservou para mim" ou: "Isto é o que Deus não reservou para mim". A realidade é que não sabemos. E sabe por que não sabemos? Não sabemos porque Deus não quer que nossa confiança esteja em um plano de vida inalterável que ele nos envia por e-mail. Deus quer que nossa confiança, em tempos de tranquilidade ou de provações, em meio ao bem ou ao mal, esteja nele. Nós nos prendemos a ele resolutamente.

Há outra coisa que penso devemos observar aqui, apenas em conclusão. É o fato de que, ao deixar que as promessas recaíssem sobre Judá, Deus mostrou a Judá graça imensa – o mesmo Judá que teve primeiramente a ideia de vender José à servidão, o mesmo Judá que também se embaraçou de outras maneiras na história. É deste Judá que o próprio Jesus toma o cetro quando vem ao mundo.

Embora José não esteja na linhagem ancestral de Jesus, acho que ele nos mostra, de uma maneira específica, aqui em Gênesis, um retrato brilhante de Jesus. Ele perdoou seus irmãos. Depois de tudo que fizeram a José, eles estavam morrendo de medo. Se lemos toda a história, vemos que eles estavam com medo de que José se vingasse deles e os matasse pelo que lhe haviam feito. Mesmo depois da morte de seu pai, como vimos, eles estavam com medo de José. E, em todo o tempo, José sabe do pecado deles, mas não quer nada além de perdoar-lhes.

Amigos, Jesus age da mesma maneira. Acho que muitas pessoas pensam: "Eu fiz isto, fiz aquilo e estou convencido de meu pecado. Mas como posso ir a Jesus na condição em que estou? Ele simplesmente me puniria. Ele se vingaria de mim. Jesus me rejeitaria, e eu mereceria". Não amigos, Jesus é bem semelhante a José neste aspecto. Embora vocês estejam perturbados de medo, embora estejam achando todas as razões para ficarem longe de Jesus, ele continua com os braços abertos, pronto para lhes dar vida abundante, como José o fez à sua família.

Vocês percebem que Jesus morreu por pecadores como vocês? E, se vierem a ele com fé, renunciando seus pecados e dizendo: "Eu não os quero mais. Quero a ti e preciso que tu me salves", Jesus tem vida em suas mãos, pronto para lhes dar. Isso é, em última análise, a mensagem de Gênesis – a misericórdia de Deus, a graça de Deus para com pessoas que nunca a mereceram, pessoas que eram trapaceiras, que eram mentirosas, que eram impuras em todas as maneiras diferentes, mas Deus derramou sobre elas a sua graça.

Em outras palavras, Deus derrama sua graça sobre pessoas como nós. Vamos orar.

Mark: Um ponto excelente sobre a graça de Deus para com Judá e, também, sobre José, mostrando graça para com seus irmãos. Penso que seu segundo ponto pastoral mais elevado foi: "Não posso ir a Jesus; ele se vingaria de mim". Nesta afirmação, você captou muito bem o pecador e a desculpa que Satanás cochicha no ouvido dele para que entenda e retrate mal a Cristo. Isso foi excelente neste ponto. Um sermão magnífico; você deveria pregá-lo repetidas vezes. Embora talvez pudesse encurtar os primeiros trinta minutos para vinte ou quinze.

Sermão Dois

"JESUS FOI DESAMPARADO POR SEU PAI"

Marcos 15.16-41
10 de abril de 2011
Mark Dever

O Cristianismo é, sem dúvida, a mais estranha de todas as religiões no mundo. Se não é assim que o vemos aqui em Washington D.C., no século XXI, talvez seja por causa dos séculos e milênios de familiaridade que temos com ele. Os séculos e milênios de familiaridade nos tornaram indiferentes quanto à estranheza do Cristianismo.

Confúcio morreu aos 72 ou 73 anos de idade, respeitado e até reverenciado. A linhagem familiar de Confúcio é, de fato, ainda conhecida. É a mais longa raça pura existente no mundo hoje. O descendente direto na octogésima geração de Confúcio nasceu em Taipei, em 2006. Os detalhes a respeito da vida de Gautama, o Buda, são mais obscuros, mas parece que ele morreu respeitado e reverenciado – até celebrado – em seus 80 anos, cercado de discípulos. Maomé morreu aos 63 anos de idade, em Medina, com sua cabeça abrigada no colo de Aisha, a favorita de suas 13 esposas. Buda, Confúcio, Maomé – todos eles morreram como homens velhos no meio de comunidades que os respeitavam e até reverenciavam.

E, agora, aqui está Jesus. O ministério de Jesus não poderia ter terminado de maneira diferente. O ministério de três anos de Jesus foi concluído com sua execução. A face de Jesus não foi coroada com as graças mais avançadas da idade antiga. Ele não foi cercado, no final, por discípulos que o admiravam. Aqueles a quem ele mais se dedicara traíram-no, negaram-no ou abandonaram-no. Os que o cercaram no último dia foram soldados que o espancaram, criminosos, passantes e até sacerdotes que zombaram dele e o insultaram. Aqueles que eram considerados sábios reputaram-no um inimigo perigoso. Ele foi acusado de ser, no mínimo, um mestre confuso e desrespeitoso e, no pior, um revolucionário ameaçador.

Assim, quando consideramos a última semana, o ministério de Jesus foi concluído por sua morte, e não da maneira heroica de Sócrates, que bebeu cicuta calmamente, cercado por alunos admiradores, reverentes e entristecidos, e sim de uma maneira pública, dolorosa, humilhante e degradante.

Isto é muito surpreendente para muitas pessoas que examinam o Cristianismo pela primeira vez. Elas esperam que todas as religiões sejam basicamente a mesma coisa, ainda que tenham roupagens diferentes colocadas nelas pelos criadores de religião. E essas pessoas supõem que o Cristianismo é realmente como todas as demais religiões, exceto que tem um Jesus que o envolve. Sim, o Cristianismo tem algumas coisas que são peculiares aos cristãos e a Jesus – símbolos diferentes, canções diferentes – mas as ideias são basicamente as mesmas.

Mas, amigos, quando começamos a considerar essa ideia com seriedade, ela se desfaz rapidamente. Se você está aqui hoje e ainda não é um cristão e já falou dessa maneira com seu amigo cristão, quero informar-lhe, aqui e agora, que você está apenas mostrando que não sabe nada a respeito do que está falando. Meu propósito não é insultá-lo, mas a realidade é esta. Você está mostrando que acredita na televisão. Está mostrando que acredita nos meios de comunicação. Está mostrando que nunca fez, por si mesmo, nenhuma pesquisa cuidadosa, nem uma leitura superficial dos documentos das diferentes religiões – e, certamente, não do Novo Testamento.

Jesus não morreu idoso e em prosperidade, em respeito e fama. Ele nem mesmo era rico. Não era universalmente respeitado. Jesus não teve a melhor vida neste mundo. Não era amados por todos. Foi executado, e a execução teve um caráter tanto politico quanto religioso. Ele foi executado como o eram os criminosos. De fato, Jesus foi executado com criminosos, como um criminoso.

A morte de Jesus aconteceu rápida e violentamente. Foi uma rejeição deliberada e pública. Foi uma punição que, num sentido, foi o mais profundo ponto de injustiça decretado nos extensos e obscuros anais de injustiça humana. Mas, apesar disso, não foi mera injustiça. Foi, por trás e por baixo da injustiça humana, uma justiça que fez da cruz um símbolo de bondade, amor, justiça e até misericórdia.

Greg: Esta é uma introdução grande e tipicamente de Mark Dever, atraindo a atenção de não cristãos, atraindo pessoas que podem não estar interessadas no Cristianismo, mas também começando a esclarecer por que o Cristianismo é diferente das outras religiões do mundo. Achei a introdução muito boa. Mas tenho duas coisas a respeito da introdução: você teve um culto especialmente tenso que levou a isto? Com base em sua voz e em seu comportamento, o culto foi extremamente tenso.

Mark: Acho que você esqueceu como são as coisas na CHBC?

Greg: Você quer dizer: por que as coisas são sempre solenes?

Mark: Sim. E, sim, o culto foi bastante solene.

Greg: Esta foi uma introdução mais forte do que as suas introduções frequentes, eu achei. Mas o que um pregador vai fazer? Vai se levantar e começar a fazer brincadeiras quando o seu texto é "Deus meu, Deus meu, por que me desamparaste?"

Mark: Receio que muitos fariam isso.

Greg: É verdade. Bem, acho que a severidade foi correta neste caso. Mas isso ressalta o argumento de que é importante ajustar o culto ao texto que será pregado e não deixar que sejam independentes um do outros.

Greg: Você teve algo surpreendente aqui. Na primeira vez que se dirigiu aos não cristãos de maneira direta, você os *atingiu em cheio*, dizendo: "Você está apenas mostrando que não sabe nada a respeito do que está falando". Você costuma insultar pessoas dessa maneira? (Risos)

Mark: Sim. É um dom, eu acho. (Risos)

Greg: O que você estava pensando nessa altura?

Mark: Veja, elas resolveram vir ao culto. Sim, eu falei isso de improviso. Não estava nas anotações. Eu apenas admoestei. Evangelização por admoestação. É por isso que não sou pastor de uma megaigreja!

Greg: (Risos) Bem, foi um pouco chocante.

Mark: Eu justifico a admoestação com base nos profetas do Antigo Testamento.

Greg: Muito bem, Jeremias. Vamos em frente.

Como pode ser isso? Como algo tão escandaloso se tornou tão amado? Bem, para achar resposta, queremos ir até ao evangelho de Marcos, no Novo Testamento. Estamos no capítulo 15 de Marcos, começando no versículo 16. Você se beneficiará da pregação hoje se nos acompanhar. Se não está acostumado a ouvir sermões ou a ouvir sermões na *Capitol Hill Baptist Church*, aqui nós estudamos a Bíblia. Pensamos que a Bíblia é a Palavra de Deus, por isso, nós a abrimos e a deixamos aberta por uma hora, a examinamos e a consideramos juntos.

Quando me refiro aos capítulos, eles estão em números grandes, e os versículos, em números menores depois deles. Estamos no capítulo 15, e começamos com o versículo 16. (Leia Marcos 15.16-41.)

Greg: Quão frequentemente você explica o que são capítulos e versículos? Isso não chateia a sua congregação?

Mark: Em dois de três sermões, provavelmente – e, não, a congregação aprecia isso. Pelo menos aqueles que falam comigo sobre o assunto.

Greg: Por que cristãos de longa jornada apreciam isso?

Mark: Porque sabem que estou ajudando aqueles que visitam a igreja e geralmente não leem a Bíblia; é bom para eles ouvir essas informações.

Greg: E talvez os faça sentirem-se à vontade para trazer vizinhos, amigos e parentes à igreja.

Mark: Exatamente. E pode fazê-los perguntar a si mesmos se *conhecem* alguém que não sabe como manusear a Bíblia. Talvez os acuse, também.

Amigos, o âmago de nossa passagem está bem aqui no versículo 37: "Mas Jesus, dando um grande brado, expirou". Ele entregou o seu espírito. Ele o liberou. Jesus morreu. Este fato estranho e impressionante, mais do que qualquer outro, separa o Cristianismo de outras religiões. Para nós que somos cristãos, a morte de Jesus nos define, tanto que o instrumento de sua execução, a cruz, o símbolo do momento de sua maior fraqueza e de sua mais profunda humilhação, é entendida pelo mundo como nosso logotipo.

O Filho divino de Deus se fez carne e viveu uma vida verdadeira e totalmente humana, nunca deixando de ser divino, desfrutando de verdadeira comunhão com seu Pai celestial, dependendo da Palavra dele, fazendo a vontade dele. E esta encarnação de Deus, de humanos feitos à imagem de Deus, foi.... morta? O que está acontecendo aqui? Como podemos dar sentido a isto? Queremos considerar hoje o fim de Jesus e entendê-lo.

O que estamos considerando nesta manhã se aplica a cada área de nossa vida. É a base para toda a conduta humana. Se eu começasse por fazer aplicações deste sermão, eu poderia ler para vocês 1 Pedro 2 ou poderia ler Filipenses 2. Ou poderia ler todo o livro de Hebreus. Este é o lugar onde o Cristianismo é gerado. Então, o que faremos exclusivamente nesta manhã é o seguinte: porque isto é o centro de tudo, quero gastar nosso tempo nesta manhã focando esta passagem, especialmente a morte de Cristo, e dedicando todo o nosso tempo a entendê-la; e podemos até entender a nós mesmos.

Esta é a minha oração por vocês hoje.

O que vemos nesta passagem? Gastaremos a maior parte do tempo apenas desenvolvendo o nosso primeiro ponto e, depois, observaremos brevemente alguns outros aspectos da importância da morte de Jesus que vemos aqui.

Greg: Vamos falar um pouco sobre falta de equilíbrio nos sermões. Você sabia, bem no começo, que seu primeiro ponto seria mais longo que os demais. E foi *enormemente* mais longo. Dos quatro pontos, "o horror do pecado" foi muito mais longo do que os outros. Por que isso? É apropriado que tenhamos um sermão desequilibrado? Se é, quando?

Mark: Bem, os pontos 2, 3 e 4 foram sobre a solução do problema. Mas, especialmente aqui, é o próprio problema – a admissão do pecado – que parece muito estranho às pessoas hoje, pelo menos conforme expresso na linguagem chocante usada pela Escritura. Sempre que você acha que terá de fazer esse tipo de explicação básica, pode acabar tendo um sermão com pontos desequilibrados.

Greg: Sim. E é claro que alguns textos exigem isso. Um coisa que tenho observado em pregar é que muitas das dificuldades teológicas estão frequentemente na primeira parte das passagens da Escritura, e, depois, é apenas uma questão de esclarecermos essas coisas. Entretanto, muito esclarecimento precisa ser feito no começo. Isso pode levar a algum desequilíbrio, também, que não é realmente culpa nossa.

Primeiramente, vemos o horror do pecado. O sofrimento e morte de Jesus é realmente a culminação de nossa rebelião pecaminosa contra Deus. O que começou no jardim do Éden se desenvolveu até atingir um grau intenso aqui. O que diz João 1.10: "O Verbo estava no mundo, o mundo foi feito por intermédio dele, mas o mundo não o conheceu. Veio para o que era seu, mas os seus não o receberam".

Isso não é um retrato perfeito desta rejeição? Soldados, com aprovação de autoridade humana legítima, escarnecem de Jesus, batem nele e, por fim, o crucificam. Vemos aqui, no versículo 16, que os soldados tomaram a Jesus e o retiraram da presença de Pilatos, o governador, que acabara de condená-lo. Eles o levaram para o pretório, a residência do governador em Jerusalém, talvez na fortaleza Antônia. Até em ser Jesus levado, vemos algo da humildade que caracterizou toda a vida dele. Desde o primeiro dia até ao último, desde a sua humildade em nascer numa manjedoura até aqui, sendo levado por esta companhia de soldados, o Senhor Jesus se humilhou.

No pretório, os soldados realizaram uma coroação zombeteira daquele Rei dos judeus, como Jesus havia sido sarcasticamente chamado. Olhe o versículo 17: "Vestiram-no de púrpura e, tecendo uma coroa de espinhos, lha puseram na cabeça. E o saudavam, dizendo: Salve, rei dos judeus!" Não esqueceram nada, esqueceram? Zombando da autoridade de Jesus, por vesti-lo com um manto de púrpura, uma versão simplória do que um rei deveria usar, os soldados escarneceram dele. E vemos que a sua zombaria se tornou cruel quando teceram um coroa de espinhos e a colocaram em Jesus.

> "No princípio, era o Verbo, e o Verbo estava com Deus, e o Verbo era Deus... A vida estava nele e a vida era a luz dos homens... Veio para o que era seu, e os seus não o receberam... E o Verbo se fez carne e habitou entre nós, cheio de graça e de verdade, e vimos a sua glória, glória como do unigênito do Pai" (Jo 1.1, 4, 11, 14).

E quando ele veio, aquele que era o mais majestoso de todos os que já existiram na raça humana, como foi recebido? Como foi reconhecido? Com esta túnica falsa, esta coroa dolorosa e a submissão cruel e escarnecedora: "Salve, rei dos judeus! Salve, rei dos judeus!"

Amigos, vocês veem que nosso pecado é tão profundo que podemos falar a verdade e ainda permanecer cegos para ela? Com base nisto, podemos entender algo da natureza do pecado. Devido à capacidade que o pecado tem de, por natureza, cegar com tanta intensidade, é quase certo que raramente estamos conscientes dos pecados mais sérios em nossa vida. É por essa razão que nos unimos a uma igreja local. É por essa razão que ouvimos a Palavra de Deus pregada. É por essa razão que oramos e nos voltamos à Palavra de Deus com regularidade.

Mas estes soldados não somente falaram desdenhosamente de Jesus. A rejeição deles foi violenta. Olhem o versículo 19: "Davam-lhe na cabeça com um caniço". Foi o tipo de espancamento que Jesus já havia sofrido diante do sinédrio, no capítulo 14. Isso se parece impressionantemente com a parábola que Jesus contara antes, no capítulo 12, sobre o modo como os lavradores receberiam os servos e, por fim, o filho amado do proprietário das terras. Essa parábola profética, com a qual eles ficaram desconcertados quando Jesus a contou alguns dias antes, eles a estavam cumprindo diante de seus próprios olhos, quando os soldados espancavam a Jesus.

E não esqueçam de observar onde eles o espancavam. Eles o espancavam na cabeça, como que para deixar claro que a coroação daquela cabeça era feita apenas em desdém zombeteiro. Eles batiam na cabeça de Jesus. Queriam que ficasse enfática e claramente entendido que não lhe deviam nenhum respeito. E não fizeram isso apenas uma vez. Fizeram várias vezes. Não deram apenas um golpe em Jesus. Bateram nele repetidas vezes.

Isto é um retrato de nossa oposição a Deus, nossa rebelião violenta e reiterada. Amigo, num sentido espiritual, você não tem sido assim? Aqueles de vocês que são cristãos e estão aqui nesta manhã sabem que somos assim. Temos nos oposto reiteradamente a Deus, quando ele tem sido totalmente claro conosco. Essa clareza sozinha não tem garantido nosso amor ou nossa obediência, pois escolhemos, repetidas vezes, obedecer a nós mesmos, a nossos caprichos e desejos, apesar do que Deus, nosso Criador e Juiz, nos diz.

E amigo, se você não é um cristão, acho que posso tê-lo ofendido por dizer-lhe que isto é um retrato de você. Mas é realmente. Isto é o que a Bíblia diz sobre todas as pessoas: que nós, todos nós, decidimos rejeitar a Deus. Você se pergunta por que há problemas e conflitos neste mundo? Bem, você pode mencionar todos os desafios físicos que existem. Pode mencionar os desastres naturais. Mas, amigos, mesmo dentro da sociedade humana, a Bíblia nos diz o porquê.

A Bíblia nos diz que somos todos feitos à imagem de Deus e, por isso, temos valor e dignidade. Portanto, não existe nenhuma pessoa com quem o cristão não deva se importar e valorizar. Falando com franqueza, defenderemos você e seus direitos, independentemente da religião que você segue. Na verdade, queremos encorajá-lo a desfrutar da bondade de Deus nesta criação e além. Mas a Bíblia também nos diz que há algo errado em todos nós: que, embora sejamos feitos à imagem de Deus, todos nos rebelamos contra ele.

Este evento histórico não é apenas uma parábola. Ele realmente aconteceu. Também retrata e ilustra o que temos feito em nossa rejeição de Deus. Ainda assim, o horror deste pecado não é totalmente sondado aqui se não observamos, no versículo 19, a homenagem sarcástica e escarnecedora que estes soldados fizeram a Jesus. Proferiram hinos de zombaria para Jesus, curvaram-se em oração e louvor falsos, cuspiram em Jesus. Estas criaturas mortais e efêmeras deveriam ter louvado a Jesus, em vez de terem mostrado o mais desprezível e repugnante desrespeito por ele.

Amigos, em tudo isto, vemos um pouco da feiura do pecado. Isto é o que o pecado é. É desobediência a Deus, nossa rejeição de sua autoridade sobre a nossa vida. É uma desconsideração para com Deus e até uma rejeição pessoal positiva de Deus. O ponto aqui não é o sofrimento físico. Você percebe quão restrito Marcos é em sua descrição? Ele não se detém nos detalhes sensacionais, e há abundância de detalhes sensacionais. A ênfase é a rejeição pessoal de Jesus.

Greg: Achei que seu primeiro ponto, "o horror do pecado", foi maravilhoso. Você expôs o texto de uma maneira que o deixou parecendo bastante preocupado, no meio do ponto. Falou sobre os tipos de pessoas que estão rejeitando a Jesus e as várias maneiras pelas quais o rejeitam. E, no meio do ponto, pareceu como se a congregação tivesse ficado em silêncio. De novo, você estava buscando aquele tipo de seriedade?

Mark: Sim, sim. Queria que eles compreendessem que a rejeição a Jesus é completa. Se chegamos aqui ao grau máximo de rejeição de Deus, eu queria que eles sentissem a enormidade dessa rejeição.

Amigos, vocês podem ver um espetáculo num filme, que pode se concentrar em todos os detalhes sensacionais. Mas, se não lhe explica, com palavras, a importância da morte de Jesus, por que ele morreu e o que a sua morte tem a ver conosco, os produtores do filme desconhecem completamente o que significa a morte de Jesus. Os evangelhos nos dizem por que Jesus morreu. Os evangelhos explicam isso para nós.

Greg: Por que você mencionou *A Paixão de Cristo*?
Mark: Isso não estava em minhas anotações. Foi acrescentado.
Greg: Sim, mas foi um elemento importante.
Mark: É verdade. Acho que o caminho de Deus conosco, desde que perdemos a visão dele no jardim do Éden, tem sido fazer grandes coisas para que vejamos – o êxodo, a encarnação, a crucificação, a ressurreição – e usar palavras para explicar esses sinais e símbolos. Deus não somente nos dá ações mudas; ele explica as ações com palavras. Isso é o que eu estava tentando criticar naquele filme. Acho que o filme apelou às emoções das pessoas, mas receio que ele deixa que as pessoas tragam seu próprio significado para os acontecimentos e o introduzam neles, tomando-o como a ênfase ou o significado do que Deus estava fazendo em Cristo, em vez do que ele realmente estava fazendo – que é explicado no texto da Escritura.

Há um versículo muito interessante em Tiago 2. Vamos até ele por um momento, porque desejo ilustrar algo sobre a natureza do pecado. Às vezes, cristãos ouvem o Salmo 51: "Pequei contra ti, contra ti somente" e pensam: "Realmente? O pecado é apenas contra Deus? Eu peco contra outra pessoa. Por que você está me dizendo que o pecado é apenas contra Deus?"

Bem, é porque, em sua raiz, isso é o que o pecado é. Uma oposição pessoal contra Deus. Veja agora em Tiago 2.11. Tiago está explicando a importância de amar o próximo e não transgredir a lei. Ele diz no versículo 10: "Pois qualquer que guarda toda a lei, mas tropeça em um só ponto, se torna culpado de todos". Ora, por que, se você quebra apenas uma lei, é declarado culpado de quebrar toda a lei?

A ilustração que os pregadores usam frequentemente é a de uma corrente, de modo que, se quebrar um elo da corrente, toda a corrente é quebrada. Isso é verdade, mas acho que não retrata corretamente o problema do pecado. Veja por que Tiago diz que, se alguém quebra um mandamento da lei, quebra toda a lei. Leia o versículo 11: "Porquanto, aquele que disse: Não adulterarás também ordenou: Não matarás". O fator crucial está em quem disse isso. Ambos os mandamentos, embora estejam separados, procedem da mesma pessoa: de Deus. A gravidade do pecado é que estamos desobedecendo a Deus. É uma rejeição pessoal de sua autoridade em nossa vida.

Greg: Bem, vou lhe dar um pouco de seu próprio remédio. Você teve uma seção no primeiro ponto em que falou sobre Tiago 2, como o transgredir uma lei é realmente transgredir toda a lei, porque ela vem da boca de Deus. Achei que esse ponto abrandou, infelizmente, o sentimento de solenidade: pedir a alguém que vá a outra seção da Escritura. É óbvio que o considerei um ponto excelente; apenas pensei que, talvez, você poderia tê-lo feito sem destruir o bom sentimento de solenidade que estava cultivando. Talvez deveria fazê-lo no segundo ponto, sobre a substituição; e isso também daria um pouco de equilíbrio aos pontos.

Mark: O que eu estava tentando fazer era ilustrar biblicamente a rejeição pessoal de Jesus, ressaltar que o pecado é a rejeição pessoal de Deus. Foi por isso que o coloquei aqui.

Greg: Sim. Você pensou em fazer isso sem levar a igreja àquele ponto? Apenas afirmar o ponto sem ir até ele?

Mark: Sim, isso poderia ter sido uma ideia melhor.

Voltando aos evangelhos e a Marcos 15, o que vemos aqui na zombaria destes soldados em relação a Jesus é apenas um retrato bastante claro do que o pecado é por natureza. É uma rejeição pessoal de Deus. Zombaria como esta, usando até a inteligência e o humor da imagem de Deus em nós para escarnecer de Deus, coloca-nos sob a sua correta e justa condenação e em necessidade de sua graça, não tendo, apesar disso, nenhum direito a essa graça. Não temos sido criaturas que amam seu Criador, que se importam com ele, com seus planos e desígnios para nós.

Bem, os soldados terminaram a coroação zombeteira. Talvez foi a pressa de tempo. Queriam terminar aquilo completamente naquele dia, se pudessem. Geralmente, os romanos deixavam as traves verticais da cruzes fixadas no solo. Eram muito pesadas, e carregá-las seria impraticável. A pessoa que seria crucificada carregava a trave horizontal, que pesava pouco mais de 45 k. Mas Jesus estava enfraquecido por causa do espancamento que acabara de sofrer, não mencionando a noite sem sono.

Assim, vemos aqui no versículo 21 que estes soldados recrutaram Simão para levar a cruz. Chegaram ao lugar fora da cidade, o lugar chamado Caveira, onde as execuções eram realizadas. Era um lugar proeminente numa estrada principal que ia para a cidade. Isto fazia parte do propósito de crucificações: garantir que todos vissem e que todos soubessem e entendessem o que estava acontecendo com aqueles que ousavam se rebelar. E ali se preparam para crucificar Jesus.

É nesta altura que eu lhes sugiro que qualquer boa história – certamente qualquer boa história da antiguidade – deveria ter no enredo o salvamento do herói. Se esta fosse apenas a história que estávamos esperando, se fosse algo que tencionava fazer-nos sentir simpatia para com Jesus e identificar-nos com ele, esperaríamos que ele fosse salvo. A crucificação aconteceu em histórias da antiguidade. Era uma parte tão importante nas aventuras e romances da antiguidade, como a guilhotina o era nas histórias de revolucionários franceses.

Mas, nessas histórias, o herói é sempre liberto. Somente o mal sofre realmente este destino de crucificação – ladrões perigosos, pessoas que mataram maridos ou mulheres e criminosos incorrigíveis. Mas o herói da história sempre, *sempre* escapa pouco antes da crucificação ameaçada e injusta. A crucificação representava a ameaça suprema, a tensão que era levada ao ponto mais extremo, e, então, os amigos do herói viriam e o salvariam. Era assim que as história se desenrolavam.

Então, isso é o que poderíamos esperar quando Jesus foi conduzido por entre a multidão naquele dia, com Simeão levando a cruz. Depois, repentinamente, seus discípulos, recuperados de sua covardia, recém-organizados, talvez com espadas reluzentes e cavalos velozes, irromperiam por entre a multidão e pegariam o Jesus injustamente desertado, condenado, espancado e abandonado, e iriam embora com ele, para a liberdade e recuperação, garantindo-lhe um lugar permanente na memória das pessoas, nos séculos por vir, como um personagem heroico em um mito romântico.

Amigo, se você está aqui e ainda não é um cristão, se conhecesse melhor o século I, saberia que, se isto fosse uma mera história, é assim que ela seria escrita. Isto é o que faria as pessoas se envolverem com o protagonista e crerem: "Sim, sim, herói. O herói vence no final. Sigam seus ensinos". A crucificação era a maior vergonha que a cultura podia infligir. Mas esse tipo de escape não foi o que aconteceu, porque isto não é uma mera história. Isto é História. Em vez de escape, temos esta conclusão grotesca que teria horrorizado qualquer leitor – judeu ou grego – que começasse a lê-la, esperando simpatizar com Jesus.

Lá no versículo 23, eles ofereceram a Jesus vinho misturado com mirra. Talvez era um sedativo oferecido como um ato de cortesia antes de penetrarem os cravos nas mãos do condenado. Talvez era oferecido para produzir mais dor. Não importando a razão, isso cumpriu Salmo 69.21, e Jesus o rejeitou. E, depois, no versículo 24, Marcos registra, em seu típico estilo sucinto, estas palavras chocantes: "Então, o crucificaram".

Amigo, se você voltar hoje à noite, veremos uma das mais admiráveis porções da Escritura em todo o Antigo Testamento – o Salmo 22. Não tomaremos tempo para lê-lo todo agora, mas, no Salmo 22, escrito cerca de mil anos antes de Cristo, o rei Davi escreveu, no versículo 16: "Traspassaram-me as mãos e os pés. Posso contar todos os meus ossos; eles me estão olhando e encarando em mim. Repartem entre si as minhas vestes e sobre a minha túnica deitam sortes". Lembro a primeira vez que li estes versículos quando era um cristão jovem. Acho que eu tinha uma New Living Bible (Nova Bíblia Viva), uma paráfrase, e estava sentado na biblioteca pública de Madisonville. Quando o li, estava tão certo de que havia um erro de impressão em minha Bíblia que liguei para nosso pastor na First Baptist Church, em Madisonville. Liguei para ele e tentei explicar-lhe: "Olhe, pastor, acho que tenho uma Bíblia com um erro de impressão nela. Quero dizer, certamente este texto é do Novo Testamento, e, de alguma maneira, eles me venderam esta Bíblia que tem o texto impresso no Antigo Testamento". Amigo, leia o Salmo 22 hoje à tarde. Veja o que acontece na Palavra de Deus. Veja como a profecia se cumpre de maneiras bastante admiráveis.

Os soldados fixaram as acusações formais contra Jesus. Ele foi crucificado porque afirmou ser o Rei dos judeus. O seu levantamento na cruz seria uma boa forma de dissuadir quaisquer potenciais rebeldes ou terroristas que aparecessem em Jerusalém naquele dia.

E a crucificação de Jesus pareceu confirmar a rejeição de Jesus por parte dos líderes religiosos, porque eles sabiam, com base na lei de Moisés, em Deuteronômio 21, que todo aquele que fosse pendurado num madeiro estava sob a maldição de Deus. E presumiam que o Messias nunca seria uma pessoa amaldiçoada.

Os soldados puderam dividir as vestes de Jesus porque o haviam deixado nu. A cruz era para causar vergonha e humilhação, bem como dor e execução. Em sua pobreza, Jesus não deixou nada na terra, literalmente. Suspenso e nu, entre o céu e a terra, Jesus foi um sacerdote que não levou consigo nenhum sacrifício para o altar. *Ele* era o sacrifício naquele dia.

Greg: Eu aprecio o modo como você dá atenção aos detalhes no texto. O detalhe que se destacou foi o modo como eles, primeiramente, coroaram a cabeça de Jesus e, depois, o espancaram na cabeça, apenas para ressaltar que a coroação não era real. E isso revela sua disposição de sentar e fixar-se num texto por muito tempo.

Mark: Sim. Uma coisa sobre isso, o fruto de meditação. Falei com um irmão recentemente sobre a história do fariseu e do publicano, narrada em Lucas 18, e lhe disse: "Seu grande dever em pregar isto, eu acho, é imaginar como as pessoas teriam ouvido essa história quando Jesus a contou pela primeira vez. E uma coisa que elas fariam que é diferente da maneira como normalmente reagiríamos é que presumiriam que o fariseu era um sujeito realmente bom. Então, se você fizer dele o mau sujeito – um hipócrita óbvio e notório – e fizer do publicano o bom sujeito, acho que você reforçará a justiça própria das pessoas. O que você precisará fazer para expressar o principal ensino que Jesus tinha em mente nesta passagem é apresentar o fariseu como realmente simpático para nós. Portanto, devemos apresentá-lo como um defensor de justiça, um homem bom e sincero. Acho que, quando entendemos isso, começamos a sentir melhor a força desta história. Esse é o tipo de coisa que só podemos começar a ver por meditarmos no texto".

Mas, para que não pensemos que todo este pecado é, de algum modo, apenas um reflexo daquele subconjunto de humanidade endurecida na guerra, habilitado em violência e morte, como estes soldados, Marcos deixa claro, nos versículos 27 a 32, que todos, desde ladrões a sacerdotes ordenados, rejeitaram e desprezaram a Jesus. Talvez não fiquemos tão surpresos com a crueldade dos soldados gentios, mas até pessoas da própria nação de Jesus lhe ofereceram apenas ódio e zombaria.

Não tenho certeza de quem, nesta exibição de escárnio nos versículos 27 a 32, sejam os participantes mais surpreendentes. Talvez sejam os ladrões. Quero dizer, o fato de que eles estavam sendo executados sugere que eram mais do que apenas ladrões. Talvez haviam participado de um levante. Como

Isaías havia predito, Jesus foi contado com os transgressores. Não era um grupo de irmãos, nem uma comunhão de amigos. No versículo 32, vemos que até aqueles que foram crucificados com Jesus proferiram insultos contra ele. "Salva-te a ti mesmo e a nós também", falou um deles, como se estivesse dizendo: "Cale a boca. Odeio você pelo que ensina: que pode salvar qualquer pessoa, quando estou aqui morrendo deste modo. Se você não me livrar desta bagunça agora mesmo – *deste* problema – não me importo com o que você tem a dizer".

Amigos, eles insultaram a Jesus não somente uma vez, mas continuaram a insultá-lo. Até isto é um retrato do pecado humano, não é? Mesmo quando somos condenados e culpados, quando sabemos que temos estado errados em algumas maneiras, ainda achamos em nós mesmos o direito de julgar outras pessoas, condenar os outros, notar e ressaltar as falhas do outros. E Jesus se mostrou disposto a suportar até esta distorção de humilhação humana por nós.

Mas as ações deles foram mais vergonhosas do que as dos líderes religiosos e dos mestres de Bíblia, nos versículos 31 e 32? Realmente não esperaríamos qualquer coisa diferente daqueles que até a cultura da época desdenhava. Entendemos os criminosos agindo daquela maneira. Mas os líderes religiosos e os mestres de Bíblia – certamente não se envolveriam em zombar daquele a quem afirmavam adorar. Mas, se você tem acompanhado a exposição do evangelho de Marcos, sabe que já vimos a verdade daquele versículo em João: "Os seus não o receberam". Portanto, aqui, em sua cegueira espiritual, eles também zombaram.

Na profunda ironia que caracteriza os evangelhos, nestes clamores sarcásticos, estes principais sacerdotes e mestres da lei se tornaram alguns dos primeiros evangelistas. "Salvou os outros, a si mesmo não pode salvar-se". Isto é verdade, não é? Ele salvaria outros e só poderia fazer isso por não salvar a si mesmo. Jesus ensinou que o próprio Filho do Homem não viera para ser servido, mas para servir e dar a sua vida como resgate por muitos. Amigos, se Jesus deveria salvar outros, não poderia salvar a si mesmo. Foi como Isaias profetizou: "Nós o reputávamos por aflito, ferido de Deus e oprimido" (Is 53.4). Quem conhecia todas estas profecias melhor do que esses líderes religiosos? Mas, apesar disso, eles rejeitaram o Messias. Eles, que deviam ter adorado e liderado em adoração, em vez disso, rejeitaram o seu Rei e escarneceram dele.

Versículos 31 e 32: "De igual modo, os principais sacerdotes com os escribas, escarnecendo, entre si diziam: Salvou os outros, a si mesmo não pode salvar-se; desça agora da cruz o Cristo, o rei de Israel, para que vejamos e creiamos". Mas é claro que eles não creriam. Foi como Jesus dissera antes; eles não seriam convencidos nem mesmo se alguém ressuscitasse dos mortos.

Mera religião não é garantia de entendimento espiritual ou de um viver honroso. Muitas pessoas podem ser religiosas. Você pode ser um cristão religioso, um budista religioso, qualquer tipo de religioso. Religião não o salvará. Na rejeição de Jesus na crucificação, vemos o ápice da revolta do homem contra Deus. A rebelião, começada no Éden, envolve toda a vida humana. Vemos que prisioneiros são pecadores; mas vemos, igualmente, que sacerdotes também são pecadores. Prisões e igrejas têm muito em comum, e uma das coisas mais importantes que compartilhamos é que somos todos pecadores. Nenhum de nós escapa dos estragos do pecado; criminosos ou mestre de Bíblia. Todos temos sido rebeldes espontâneos contra Deus e contra sua autoridade em nossa vida, e Jesus nos deu a mais clara oportunidade para expressar isso. Você pode vê-la nesta passagem?

Nos versículos 29 e 30, vemos que até os observadores casuais que não tinha nada a perder, aqueles que estavam apenas passando por ali, talvez indo à cidade pela manhã, proferiram insultos para Jesus, enquanto passavam, clamando zombeteiramente que ele salvasse a si mesmo e citando erroneamente para ele o seu próprio ensino. Veja os versículos 29 e 30: "Os que iam passando, blasfemavam dele, meneando a cabeça e dizendo: Ah! Tu que destróis o santuário e, em três dias, o reedificas! Salva-te a ti mesmo, descendo da cruz!"

E, amigos, de novo, é como na semana passada. Quanto mais conhecemos a Bíblia, tanto mais vemos todas as profecias se desenvolvendo e chegando ao cumprimento. É como se essas pessoas estivessem *tentando* cumprir as profecias, pessoas que talvez não tinham a menor ideia delas. Salmo 22.7-8: "Todos os que me veem zombam de mim; afrouxam os lábios e meneiam a cabeça: Confiou no Senhor! Livre-o ele! Salve-o, pois nele tem prazer".

Até comentários casuais podem revelar pensamentos significativos, não podem? A rejeição humana de Deus é tão abrangente, que até passantes casuais precisam interpor suas próprias opiniões. É como se não quisessem que pensássemos que o pecado humano é uma prática apenas de criminosos ou de hipócritas religiosos. É como se estivessem ansiosos por deixar bem conhecido que "não, não, não. Todos pecam". Observem as diferentes maneiras pelas quais o Deus encarnado sofre oposição, as várias formas e atitudes que o pecado assume. Nosso pecado é horrível, e aqui ele se manifesta em sua forma mais horrorosa.

No entanto, embora nosso pecado seja terrível, havia algo ainda pior e melhor por vir. Esse foi todo o nosso primeiro ponto: o horror do pecado.

Número dois, vemos na morte de Cristo, o custo de substituição. Vemos que, em sua morte, Jesus suportou a punição de Deus.

Olhe novamente o versículo 34: "À hora nona" – ou seja, às três horas da tarde. Os romanos contavam as horas a partir da seis da manhã. Sendo assim, a hora sexta era o meio-dia; e a hora nona, três da tarde. "À hora nona, clamou Jesus em alta voz: *Eloí, Eloí, lamá sabactâni?* Que quer dizer: Deus meu, Deus meu, por que me desamparaste?" Este é o versículo do Salmo 22 em que estaremos pensando nesta noite, se você quer terminar o dia do Senhor com mais meditação sobre isto.

Acho que estou certo em dizer que aqui estamos pisando no solo mais sagrado de toda a Escritura. Estamos no relacionamento de Deus, o Pai, com Deus, o Filho, e devemos pensar e falar com muito cuidado, se temos de entender isto corretamente. Aqui, Deus, o Pai, está abandonando a Jesus, não no sentido de esquecê-lo ou ignorá-lo e, certamente, não no sentido de odiá-lo. Em vez disso, Deus, o Pai, está punindo seu Filho, tratando-o como se tivesse cometido o pecado que estava carregando. Jesus havia aceitado o cálice. Foi por isto que ele veio. Jesus clamou em angústia porque sofreu levando a punição de seu Pai.

Quer venhamos a este lugar como cristãos maduros, quer venhamos como não cristãos de muito tempo, entender a morte de Cristo como um substituto é fundamental para entender o próprio âmago da esperança cristã. Isto é o plano de Deus. A Bíblia diz: "No qual temos a redenção, pelo seu sangue, a remissão dos pecados, segundo a riqueza da sua graça, que Deus derramou abundantemente sobre nós em toda sabedoria e prudência" (Ef 1.7-8).

Quero que consideremos brevemente três perguntas: por que era necessário um substituto? Como um substituto seria dado? E por que um substituto foi dado?

Então, primeiramente, por que era necessário um substituto? A Bíblia é clara em ensinar que Deus é perfeitamente bom, santo e justo. O profeta Habacuque, do Antigo Testamento, disse para Deus: "Tu és tão puro de olhos, que não podes ver o mal e a opressão não podes contemplar" (Hb 1.13). Isso é um bom resumo de como a Bíblia apresenta Deus. Ele não é moralmente indiferente. Não comete erros em sua regulação do tempo ou em seus planos. Não é fraco, nem incapaz, mas perfeitamente santo.

A santidade de Deus é indescritivelmente elevada, grande e solene, e essa é a razão por que a ofensa de Deus com nosso pecado é tão grande. Esta excitação de rebelião humana foi diferente em horror – Deus estava corporalmente presente – mas não em tipo. Não foi diferente, em tipo, dos pecados que você e eu cometemos contra Deus nesta semana. É por isso que, devido à natureza horrível do pecado, a punição do pecado seria tão terrível. Essa é a razão por que um substituto era necessário.

A segunda pergunta: como um substituto seria dado? Como poderia haver um substituto em nosso lugar? Deus, o Criador e Juiz, havia decidido que o aceitaria. De fato, ele até parecia estar ensinando isso por meio dos sacrifícios do Antigo Testamento, dos profetas e agora dos ensinos do próprio Jesus. Alguém que era verdadeiramente humano e verdadeiramente Deus viria e obedeceria por nós e tomaria sobre si mesmo a nossa punição. Podemos ver em nossa passagem quão plena foi sua obediência e que ele se mostrou disposto a se submeter a todo o sofrimento. A Bíblia expressa isso nos seguintes termos: "Aquele que não conheceu pecado, ele o fez pecado por nós; para que, nele, fôssemos feitos justiça de Deus" (2 Co 5.21).

Greg: Esta pergunta que você aborda aqui – como seria dado um substituto? – é uma pergunta bem complexa. E você a respondeu, de fato, com uma sentença. Você diz, essencialmente, que as coisas podem ser assim porque Deus *decidiu* que seriam assim. Eu sei que existe uma argumentação quanto a por que essa decisão de Deus não foi injusta, e a argumentação tem a ver com nossa união com Cristo. Você não entrou nessa questão, de modo algum. Por que não?

Mark: Sou um pouco relutante em oferecer uma defesa ou uma razão lógica que explique algo que Deus fez, para que algo em minha argumentação ou articulação não esteja errado e eu traga má reputação sobre Deus. Nossa fé chega a certos lugares em que a apologética pode se tornar realmente um pouco perigosa; é nesses lugares que eu gosto da clareza de "Deus, o Juiz, declarou que aceitaria um substituto".

Ó amigos, especialmente os amigos religiosos que estão aqui nesta manhã, espero que vocês vejam aqui, claramente, que *nem nosso zelo, nem nossas lágrimas, nem nossos pesares, nem nosso envolvimento emocional sincero, nada* que podemos fazer jamais poderá desfazer os pecados que já cometemos. Não temos nenhum meio de desfrutar comunhão com o Deus santo, a menos que haja um substituto. Tem de haver um substituto, pois, do contrário, estamos perdidos. Precisamos ter um Salvador, e Jesus é o único Salvador que existe. Ele é a nossa esperança. É assim que pode haver um substituto em nosso lugar.

Assim, respondemos por que precisamos de um substituto e como pode haver um substituto, mas há ainda a pergunta por que um substituto foi dado. Certamente, as perfeições de Deus, sua moralidade e sua bondade poderiam ter sido plenamente manifestadas no decorrer da história humana, sem levar em consideração aqueles que foram criados à sua imagem e se rebelaram contra ele. Ele poderia ter dado somente exemplos de sua justiça. Mas, amigos, vejam aqui, neste substituto, algo da extensão do amor de Deus! Cristo foi abandonado para que nunca fôssemos abandonados.

Jesus sempre teve isto em mente. Em Marcos 2.20, ele pôde se referir ao tempo quando o próprio noivo seria tirado deles. Ele nos amou muito. Foi como cantamos na canção, mais cedo: "Quão profundo é amor do Pai por nós, quão vasto acima de toda medida, que ele deu seu único Filho para fazer de um ímpio seu tesouro. Quão grande foi a dor da perda excruciante. O Pai vira a face, quando feridas, que desfiguram o Escolhido, trazem muitos filhos à glória".

Bill Stuntz, professor de direito em Harvard, que morreu de câncer no mês passado, era um cristão evangélico. Em um testemunho na *Park Street Church*, em Boston, anos atrás, ele citou um trecho de *Um Sonho de Liberdade* que expressa admiravelmente bem este ponto: "Red descreve a fuga de Andy, a qual exigiu que ele rastejasse através de uma rede de esgotos para sair do complexo prisional. 'Ele rastejou através de um rio de imundície e saiu limpo do outro lado'. Creio que a ideia é essa. Em tempos como este, eu me vejo tão pequeno quanto Andy, só que não sou quem rastejou através daquele rio imundo. Alguém outro o fez antes de mim e por mim".

Amigos, nessa altura do enredo, os roteiristas de Hollywood estão ecoando o profeta Isaías. "Todos nós andávamos desgarrados como ovelhas; cada um se desviava pelo caminho, mas o SENHOR fez cair sobre ele a iniquidade de nós todos... ao SENHOR agradou moê-lo, fazendo-o enfermar... derramou a sua alma na morte; foi contado com os transgressores... levou sobe si o pecado de muitos e pelos transgressores intercedeu" (Is 53.6, 10, 12). Quanto ele nos amou para nos dar e ser um substituto por pessoas como você e eu!

Por isso, Paulo escreveu: "Aquele que não poupou o seu próprio Filho, antes, por todos nós o entregou, porventura, não nos dará graciosamente com ele todas as coisas?" (Rm 8.32). Amigos, Cristo foi desamparado para que nós jamais o sejamos.

Aprecio muito a maneira como um puritano meditou nisso. "Cristo se tornou todo angústia, para que eu me tornasse todo regozijo. Abandonado, para que eu fosse atraído. Esmagado como um inimigo, para que eu fosse bem recebido como um amigo. Despido, para que eu fosse vestido. Ferido, para que eu fosse curado. Afligido, para que eu fosse consolado. Envergonhado, para que eu herdasse a glória. Envolvido por trevas, para que eu tivesse a vida eterna. Morto, para que eu vivesse para sempre."

Greg: Não sei de quem eram estas palavras, mas é uma citação belíssima.
Mark: É do livro *Vale da Visão*.

Amigos, vemos aqui na morte de Cristo o preço de nossa substituição. E...

Número três, vemos também a instantaneidade dramática da reconciliação. Onde parecia não haver um meio de sermos reconciliados com Deus, Jesus se tornou um meio. Por sua morte, Jesus fez um meio para que os pecadores se aproximassem do Deus santo. Vemos em nossa passagem o efeito da punição de Cristo. Veja de novo os versículos 33-34: "Chegada a hora sexta, houve trevas sobre toda a terra até a hora nona. À hora nona, clamou Jesus em alta voz : *Eloí, Eloí, lamá sabactâni?* Que quer dizer: Deus meu, Deus meu, por que me desamparaste?"

E veja, em seguida, o versículo 37: "Jesus, dando um grande brado, expirou. E o véu do santuário rasgou-se em duas partes, de alto a baixo". Amigos, Jim leu anteriormente um texto de Êxodo; e vocês lembram que, em Êxodo, a praga final que ocorreu antes de o anjo da morte vir e realizar o livramento do povo de Deus, a praga final qual foi? Foi a praga de trevas. Também aqui, a praga de trevas vem exatamente antes de Cristo, o Cordeiro pascal, ser imolado por nós. Trevas vêm – trevas que representam o julgamento de Deus.

Aquele brado no versículo 37 marcou a morte repentina de Jesus, e esse aspecto repentino da morte de Jesus ressalta o fato de que a vida de Jesus não drenou lentamente dele, mas que ele a entregou espontânea e deliberadamente. Vocês lembram que Jesus havia ensinado a seus discípulos: "Ninguém a tira de mim; pelo contrário, eu espontaneamente a dou". Esse brado, aqui no versículo 37, presumo com base no evangelho de João, é a declaração final de Cristo "Está consumado". E, quando ele proferiu essas palavras, "Está consumado", Deus estava criando de novo, por meio de sua palavra, trazendo à existência uma nova criação.

Em Êxodo 26, Deus havia ordenado que o povo fizesse um véu para separar o lugar santíssimo, onde ficava a arca da aliança, coberta com o propiciatório, de tudo mais. Este véu tinha a função de separar o Deus santo do povo não santo, e isso significava todo o povo – até os sacerdotes, incluindo o *sumo* sacerdote. O Senhor disse a Moisés, em Levítico 16, que falasse a seu irmão, o sumo sacerdote Arão, que não entrasse sempre que decidisse, através do véu, no lugar santíssimo, pois, do contrário, ele morreria, "porque eu aparecerei na nuvem sobre o propiciatório".

Em Hebreus 9, o autor escreveu: "Agora, porém, ao se cumprirem os tempos, [Cristo] se manifestou uma vez por todas, para aniquilar, pelo sacrifício de si mesmo, o pecado". Assim como o homem está destinado a morrer uma única vez e, depois disso, enfrentar o juízo, assim também Cristo foi sacrificado uma única vez para remover os pecados de muitas pessoas. Amigos, como um testemunho dramático desta nova criação de pecados perdoados e do fato de que o último e maior sacrifício foi oferecido, vemos no versículo 38 que "o véu do santuário rasgou-se em duas partes". Todo o sistema do Antigo Testamento fora estabelecido para nos ensinar que precisamos de perdão, não para realizar nosso perdão.

Greg: Achei que a sua junção da natureza repentina da morte de Jesus com o rasgar do véu foi maravilhosa. Tudo aconteceu ao mesmo tempo.

Todos estes sacrifícios funcionavam como luzes de pistas de aeroportos, serviam apenas para dirigir os olhos ao lugar correto. Ninguém voaria tomando por base aquelas luzes. Nunca deveriam trazer perdão, mas mantinham os olhos no rumo para verem quando a coisa real acontecesse. Talvez poderíamos dizer que eles catequizaram e ensinaram pessoas durante séculos, para compreenderem que havia certas realidades – perdão e reconciliação – que envolveriam expiação, e expiação envolveria sacrifício, sangue e morte. Também nos ensinam que a resposta vem de fora de nós mesmos.

Amigos, tudo isso e mais está envolvido em todos aqueles sacrifícios no Antigo Testamento, mas nunca perdoaram pecados. Entretanto, ensinaram ao povo e gravaram profundamente em seu entendimento que o pecado envolve morte. Expiação envolve sacrifício.

Greg: A ilustração das luzes de aeroporto foi um tanto estranha. Você disse que ninguém as usa realmente, mas é claro que usam. Os aviões aterrissam servindo-se daquelas luzes.

Mark: Entendo o que você está dizendo... É claro que eu estava indo tão rápido que as pessoas talvez nem tiveram tempo para descobrir a falta de lógica de minha ilustração!

Greg: É verdade. E olhar para os manuscritos nos faz parecer mais seguros! Imagino que as pessoas captaram a ideia comunicada.

E amigos, isso é o que acontecendo aqui. O que Paulo escreveu em Gálatas 3.13: "Cristo nos resgatou da maldição da lei, fazendo-se ele próprio maldição em nosso lugar (porque está escrito: Maldito todo aquele que for pendurado em madeiro)"? Vocês percebem, os líderes religiosos estavam certos. Estavam certos em pensar que Cristo era maldito. Mas estavam errados em pensar que eles não o eram, apenas porque nunca tinham sido pendurados num madeiro. Haviam pecado contra Deus. Eles não compreenderam por que Cristo foi amaldiçoado, mas a Palavra de Deus nos diz que ele foi amaldiçoado por nós. O que ele estava fazendo era nos reconciliar por meio de seu sangue derramado na cruz. 1 Pedro 3.18 diz: "Pois também Cristo morreu, uma única vez, pelos pecados, o justo pelos injustos, para conduzir-vos a Deus". Vocês percebem, na vida de Adão e em nossa vida, que pecamos contra a vida e contra Deus, mas agora nossas provações, que começaram em outra árvore – terminaram decisivamente nesta árvore – a verdadeira árvore da vida.

> Pois aqueles animais cujo sangue é trazido para dentro do Santo dos Santos, pelo sumo sacerdote, como oblação pelo pecado, têm o corpo queimado fora do acampamento. Por isso, foi que também Jesus, para santificar o povo, pelo seu próprio sangue, sofreu fora da porta. Saiamos, pois, a ele fora do arraial, levando o seu vitupério. Na verdade, não temos aqui cidade permanente, mas buscamos a que há de vir (Hebreus 13).

Amigos, vocês compreendem que, a cada domingo, nos reunimos como um grupo que está à espera. Nós nos reunimos para esperar e encorajar uns aos outros a esperar. Não nos reunimos para rituais ou sacrifícios. Isso nos confundiria. Rituais e sacrifícios acabaram todos quando houve o grande sacrifício de Jesus. Não, nós nos reunimos para regozijar-nos e celebrar, porque o único sacrifício foi realizado de uma vez por todas – nos reunimos porque Cristo fez este sacrifício e, por fazê-lo, estabeleceu o caminho para que nós, por meio de sua morte, sejamos verdadeiramente e para sempre reconciliados com Deus.

Número quatro, vemos a amplitude da graça de Deus. Por causa da morte de Jesus, a graça de Deus fluiria ampla e surpreendentemente. Quero ser bem simples e breve, mas gostaria que notássemos como termina a passagem que lemos. Vocês sabem, Jesus havia ensinado que, se alguém quer ser o primeiro, tem de ser o último e servo de todos, e muitos que são primeiros serão últimos, e os últimos, primeiros. Vemos algo disso aqui, na cruz. Vemos a extensão de sua graça.

Vocês sabem que no Século I, as mulheres eram frequentemente consideradas menos importantes do que os homens; e, aqui mesmo, quando todos os homens, incluindo os líderes religiosos, rejeitaram a Jesus, e até seus discípulos o haviam traído, negado e desertado, quem seriam as testemunhas fiéis de tudo? Estas mulheres. Vejam os versículos 40-41: "Estavam também ali algumas mulheres, observando de longe; entre elas, Maria Madalena, Maria, mãe de Tiago, o menor, e de José, e Salomé; as quais, quando Jesus estava na Galileia, o acompanhavam e serviam; e, além destas, muitas outras que haviam subido com ele para Jerusalém".

Por que o nome delas foi registrado? Por volta de 60 DC, quando isto estava sendo escrito, estas mulheres eram monumentos de fé. Estas senhoras, como algumas delas podem ter sido realmente conhecidas, testemunharam o ato central da história humana – e, certamente, o fato central da fé cristã – e foram lembradas e honradas. Sejamos gratos a Deus por mulheres fiéis. Quantas igrejas neste país não deve nada a homens, por causa de sua infidelidade, seu mundanismo e seu apego apenas a outras coisas? Mas as mulheres continuam avante fielmente, quase sozinhas. Quantos de nós, em nossa própria vida, ouvimos o evangelho pela primeira vez de uma fiel irmã em Cristo? Muitos de nós.

Greg: Achei interessante que, nesta altura, – quando está levando tudo à conclusão – você expresse um ponto sobre as mulheres. Você acha que isso confundiu o momento? Acho que é um ponto muito bom, mas você está considerado todas estas verdades gloriosas sobre a salvação e, de repente, elogia as mulheres em sua igreja.

Mark: Bem, eu não sei. Essa é uma boa pergunta. Acho que eu estava apenas tentando mostrar a amplitude da misericórdia de Deus.

Greg: A sua natureza de ser inesperada.

Mark: Sim. É apenas impressionante que todos os líderes religiosos masculinos foram rejeitados; e lá estavam as mulheres, consideradas frequentemente menos importantes, que foram testemunhas fiéis. Não sei.

Greg: Bem, é um ponto evidentemente bom e verdadeiro; e não foi uma aplicação longa. Foi apenas um breve desvio do ponto principal.

E as nações, também, viriam a conhecer a Deus. Vemos isso no versículo 39. Isto é um tipo de antecipação do grande derramamento da graça de Deus que alcançaria as nações. Quando todos os poderosos e respeitados, e até os passantes do próprio povo de Deus, rejeitavam a Jesus, vejam quem foi apresentado como confessando a verdade sobre ele: um soldado de ocupação gentio.

Vejam o versículo 39: "O centurião que estava em frente dele, vendo que assim expirara, disse: Verdadeiramente, este homem era o Filho de Deus". Marcos começara seu evangelho dizendo: "Princípio do evangelho de Jesus Cristo, Filho de Deus" (1.1). Agora, quando se aproxima de sua conclusão, Marcos direciona a atenção de seu leitor à pergunta crucial: quem é Jesus e à resposta correta, dada por este centurião romano.

O centurião estava ali para garantir que ninguém tentaria salvar aqueles que tinham sido crucificados. Isso acontecia às vezes, e, por isso, Roma aprendeu a deixar os soldados lá até que os crucificados morressem realmente. Ao dizer "Filho de Deus", o centurião talvez estivesse apenas querendo dizer algo como: "Não posso entender o que está acontecendo aqui. Isso é admirável. Este homem é mais do que humano, é como um ser divino". Mas, por que ele chegou a esta conclusão?

Bem, há várias razões. Uma: as trevas que vemos no versículo 33. E, também acho, como alguém que talvez havia testemunhado tantas crucificações, aquele brado estridente fora impressionante. Os que estivessem morrendo por crucificação estariam asfixiados. Todos estariam sufocados. Podiam murmurar, mas não podiam articular palavras, certamente não muitas delas, e não em voz alta. E, se o fizessem, isso mostraria que ainda faltava muito tempo para que morressem.

Mas, amigos, não aqui. Jesus proferiu este brado. Articulou palavras. E foi entendido. Que pode explicaria isto? Na confissão deste centurião, podemos ver o prenúncio do cumprimento da antiga promessa de Deus feita a Abraão, de que, por meio de seu descendente, todos povos da terra seriam abençoados. Assim, as bênçãos começariam a fluir aos pés da cruz, mesmo no momento da morte de Cristo.

Outra vez, Salmo 22.27: "Lembrar-se-ão do Senhor e a ele se converterão os confins da terra; perante ele se prostrarão todas as famílias das nações". Na visão de Daniel, notamos que autoridade, glória e poder soberano foram dados ao Filho do Homem. Todos os povos, nações e homens de toda língua o adoraram; e isso é exatamente o que vemos em Apocalipse 7:

> Vi, e eis grande multidão que ninguém podia enumerar, de todas as nações, tribos, povos e línguas, em pé diante do trono e diante do Cordeiro, vestidos de vestiduras brancas, com palmas nas mãos; e clamavam em grande voz, dizendo: Ao nosso Deus, que se assenta no trono, e ao Cordeiro, pertence a salvação (vv. 9-10).

Vemos que a cruz se torna o trono de Jesus, e como o Cordeiro tem diante de si não somente este único centurião romano, mas também incontáveis milhares e milhares de pessoas que clamam a verdade sobre ele ter salvado outros. Jesus não salvou a si mesmo para que salvasse a outros — salvasse-nos. A graça de Deus é surpreendente.

Cristãos, vocês ficam surpresos com o fato de que Deus os salvou ou o saber disso por muito tempo não os surpreende mais? Deveria surpreendê-los. Se conhecessem melhor a si mesmos, isso lhes causaria surpresa. O fato de que Deus quis salvar qualquer um de nós é surpreendente.

Amigo, se você está aqui e ainda não é um cristão, desejo que você entenda o que Jesus fez nessa ocasião. Ele tornou possível a sua salvação, se você se arrepender de seus pecados e crer nele. Você não quer fazer isso?

Deus "ressuscitou dentre os mortos a Jesus, nosso Senhor", lemos em Romanos 4, para "a nossa justificação" (ver vv. 24-25). Ele endossou, por assim dizer, todas as afirmações que Jesus fez, e nós estamos aqui, na *Capitol Hill Baptist Church*, oitocentas pessoas, para dizer-lhe que isto é verdadeiro. Somos homens e mulheres de todos os tipos de condição social, e nossas vidas foram todas mudadas por Jesus Cristo. Amamos falar do que ele pode fazer em sua vida, do perdão que ele tem, do poder de mudar. Vemos aqui algo da amplitude da graça de Deus em Cristo.

Greg: Este é um apelo maravilhoso aos não cristãos para que se arrependam e creiam. Você faz isto em todo sermão?
Mark: Não sei. Certamente, tenciono fazer, mas não sei se o faço toda vez.

Amigos, começamos por considerar a estranheza do Cristianismo, devido, em grande parte, à estranheza que a passagem exposta hoje contém. Chegamos com a expectativa de que Jesus fosse grande, reverenciado, forte, Senhor de seu destino, controlador de sua própria alma. Chegamos com a expectativa de que Jesus fosse calmo e controlado. Chegamos com todas estas expectativas. E o que achamos foi um Jesus rejeitado, zombado, bradando em dor e angústia, incapaz de salvar a si mesmo.

No entanto, quando examinamos mais de perto este quadro surpreendente e estranho, começamos a achar quão horrível é o nosso pecado, e como ele foi pago por Jesus, o substituto de todos que se converterão de seus pecados e crerão nele. Jesus é o único que pode reconciliar todos nós com Deus. Não importando a condição em que estamos hoje, precisamos atender ao chamado de Jesus.

Eis a maneira como um pastor do século XIX se expressou sobre a estranheza de Cristo e o seu tratamento nesta ocasião:

> Quando Cristo proferiu, na sala de julgamento de Pilatos, as notáveis palavras "Eu sou rei", ele pronunciou um sentimento carregado de poder e dignidade indescritíveis. Seus inimigos poderiam zombar de suas pretensões e escarnecer de sua afirmação por presentearem-no com uma coroa de espinhos, um caniço e um manto de púrpura e por pregá-lo na cruz, mas, aos olhos de inteligências não caídas, ele era um rei. Um poder superior presidia aquela cerimônia escarnecedora e a converteu numa coroação real. Aquela coroa de espinhos era, de fato, o diadema de império. Aquele manto de púrpura era a insígnia de realeza. Aquele caniço frágil era o símbolo de poder ilimitado, e aquela cruz, o trono de domínio, que nunca acabará.

Amigo, depois de considerarmos tudo isto, o Cristianismo ainda parece estranho para você? Deveria. É tão estranho, que é singular. Como John Piper comentou recentemente, houve somente uma pessoa que Deus tratou pior do que ela merecia, e essa pessoa foi Jesus. E ele fez tudo isso por nós, para conduzir-nos a Deus.

Greg: A sua conclusão não foi grande neste sermão. E você é conhecido por ter cinco ou seis conclusões!
Mark: Muito breve, de fato.
Greg: Ela remeteu à introdução, mas foi duas ou três sentenças, e pronto! Você estava economizando tempo aqui? Ou ela foi apenas breve?
Mark: Por causa da mensagem central da passagem, achei que ela foi clara e que, talvez, não precisasse dizer muito mais.

Vamos orar.

Senhor, admiramo-nos de teu amor por nós. Pedimos que nos ajude a entender mais e mais de nosso próprio pecado e de tua maravilhosa provisão para nós em Cristo. Leva-nos para fora de nós mesmos e de nossa autoconfiança e conduz-nos ao amor do Senhor Jesus. Pedimos isto para nosso bem e tua glória eterna, em nome de Jesus. Amém.

Greg: É um sermão muito bom, e um texto, impressionante. Como você disse no sermão, aqui estamos no âmago da teologia bíblica. Foi um sermão magnífico, e você foi muito entusiasmado em todo ele.
Mark: Como não poderia ser ao pregar sobre essa passagem?

CONCLUSÃO

Há alguns anos, eu (Mark) estava lendo, ao mesmo tempo, as biografias de Albert Schweitzer (autor de *A Busca do Jesus Histórico*) e Martyn Lloyd-Jones. Fiquei impressionado pelo contraste entre os dois homens.

Schweitzer deixou seus estudos teológicos para seguir uma graduação em medicina e se tornar um médico na África. Ele queria, como disse, "se tornar, um dia, o médico de quem estas pobres criaturas necessitam".[1] Talvez foi sua incerteza sobre o Jesus histórico e o significado completo de seus ensinos que levou Schweitzer à África; mas, durante toda a sua vida, parece

---

1 Hugh T. Kerr e John M. Mulder, *Famous Conversions* (Grand Rapids, MI: Eerdman's, 1994), 193.

que ele teve menos fé em palavras e mais em obras. Schweitzer terminou sua vida como um médico instruído em teologia.

Lloyd-Jones, por outro lado, seguiu um caminho quase exatamente contrário, deixando a prática da medicina, na Harley Street, para se tornar um pregador no País de Gales. Poderíamos dizer que Lloyd-Jones teve menos fé em obras humanas e mais fé na Palavra de Deus. Ele ficou cansado, como disse certa vez, de suturar pessoas apenas para que fossem embora e continuassem a pecar. A certeza de Lloyd-Jones quanto à limitação da ajuda médica em lidar com os problemas humanos o levou à certeza do evangelho. Ele terminou sua vida como um pregador instruído em medicina.

Um repórter do jornal *Evening Standard*, de Londres, realizou uma entrevista com Lloyd-Jones em abril de 1939. "'Por que o senhor desistiu da medicina em favor da pregação?', eu lhe perguntei. Ele olhou para mim profundamente e, depois de um segundo de hesitação, respondeu: 'Porque eu me tornei mais interessado em pessoas do que em suas doenças.'"[2] Como o "doutor" disse em suas famosas palestras sobre *Pregação e Pregadores*: "Eu diria, sem hesitação, que a mais urgente necessidade da igreja cristã, na atualidade, é a pregação autêntica. E, visto que esta é a maior e mais urgente necessidade da igreja, evidentemente ela é também a maior necessidade do mundo".[3]

Esse é o privilégio de pregar. Nós que proclamamos a Palavra de Deus estamos encarregados de proclamar a única

---

2 Murray e Lloyd-Jones, *The First Forty Years*, 372.
3 D. Martyn Lloyd-Jones, *Pregação e Pregadores*, 2ª ed. (São José dos Campos, SP: Fiel, 2008), 15.

mensagem verdadeira de salvação que o mundo conhecerá. Ensinamos o povo de Deus, aqueles por quem Jesus morreu, e chamamos homens e mulheres à fé em Jesus, ao arrependimento de seus pecados e à salvação para toda a eternidade. Sim, a obra é árdua. É, às vezes, emocional, física e espiritualmente esgotante. Mas é também um privilégio elevado, um privilégio que devemos receber das mãos de nosso Senhor com humildade, gratidão e determinação para realizá-lo com todo o nosso coração.

No entanto, há também perigo no chamado para pregar. Tiago afirmou isso com tanta clareza quanto possível: "Meus irmãos, não vos torneis, muitos de vós, mestres, sabendo que havemos de receber maior juízo". E o autor de Hebreus diz que líderes da igreja devem labutar "como quem deve prestar contas" (Hb 13.17). Estas são palavras solenes e nos lembram da importância do que fazemos. Irmãos, nunca tratem com leviandade o privilégio de pregar.

Nunca esqueçam o que vocês fazem quando sobem ao púlpito. Vocês proclamam as palavras de Deus; chamam homens e mulheres à salvação. Declaram a glória do Salvador, Jesus Cristo.

FIEL
MINISTÉRIO

O Ministério Fiel tem como propósito servir a Deus através do serviço ao povo de Deus, a Igreja.

Em nosso site, na internet, disponibilizamos centenas de recursos gratuitos, como vídeos de pregações e conferências, artigos, *e-books*, livros em áudio, blog e muito mais.

Oferecemos ao nosso leitor materiais que, cremos, serão de grande proveito para sua edificação, instrução e crescimento espiritual.

Assine também nosso informativo e faça parte da comunidade Fiel. Através do informativo, você terá acesso a vários materiais gratuitos e promoções especiais exclusivos para quem faz parte de nossa comunidade.

Visite nosso website

www.ministeriofiel.com.br

e faça parte da comunidade Fiel

LEIA TAMBÉM

9Marcas de uma IGREJA SAUDÁVEL

MARK DEVER

LEIA TAMBÉM

IGREJA

O EVANGELHO VISÍVEL

MARK DEVER

IX 9Marcas

LEIA TAMBÉM

QUAL A *Missão* DA IGREJA?

Entendendo a Justiça Social e a Grande Comissão

Kevin DeYoung & Greg Gilbert

Esta obra foi composta em AJenson Pro Regular 12, e impressa
na Promove Artes Gráficas sobre o papel Pólen Soft 70g/m²,
para Editora Fiel, em Setembro de 2021